U0589562

New Media

新媒体·新传播·新运营

短视频运营

定位 制作 引流

（全彩微课版）

隗静秋 谢怡婷 / 主编

李丽青 陈雅倩 / 副主编

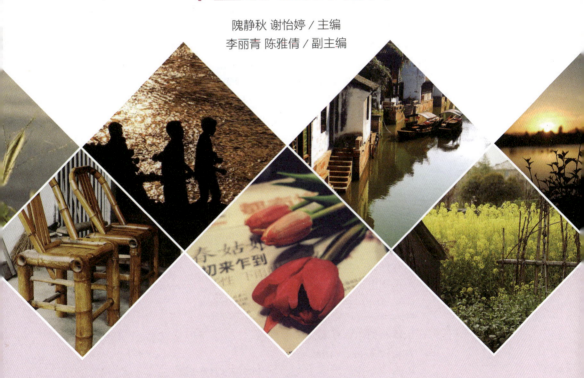

人民邮电出版社

北京

图书在版编目（CIP）数据

短视频运营：定位 制作 引流：全彩微课版 /
隗静秋，谢怡婷主编. —— 北京：人民邮电出版社，
2023.3（2024.6重印）
（新媒体·新传播·新运营系列丛书）
ISBN 978-7-115-60375-3

Ⅰ. ①短… Ⅱ. ①隗… ②谢… Ⅲ. ①网络营销
Ⅳ. ①F713.365.2

中国版本图书馆CIP数据核字(2022)第205200号

内 容 提 要

本书多角度、深层次地剖析了短视频运营的方法，内容包括初识短视频、短视频账号定位、短视频内容运营、短视频拍摄与剪辑、短视频引流推广、短视频商业变现，以及短视频案例分析，深入浅出地讲解短视频运营知识，帮助读者快速掌握短视频运营的实用技巧。

本书内容新颖、讲解透彻，既可作为高等院校相关专业短视频运营、短视频制作、新媒体运营等课程的教材，也可供各行各业对短视频和新媒体感兴趣的读者学习与参考。

◆ 主　　编　隗静秋　谢怡婷
　　副 主 编　李丽青　陈雅倩
　　责任编辑　侯潇雨
　　责任印制　王　郁　彭志环

◆ 人民邮电出版社出版发行　　北京市丰台区成寿寺路 11 号
　　邮编　100164　　电子邮件　315@ptpress.com.cn
　　网址　https://www.ptpress.com.cn
　　天津裕同印刷有限公司印刷

◆ 开本：700×1000　1/16
　　印张：9.25　　　　　　　　2023 年 3 月第 1 版
　　字数：193 千字　　　　　　2024 年 6 月天津第 5 次印刷

定价：49.80 元

读者服务热线：**(010)81055256**　印装质量热线：**(010)81055316**
反盗版热线：**(010)81055315**
广告经营许可证：京东市监广登字 20170147 号

前言

党的二十大报告指出，高质量发展是全面建设社会主义现代化国家的首要任务。当下，基于网络和信息技术的互联网经济发展越来越迅速，国家对相关领域的高质量人才的需求也更加强烈。随着短视频在人们日常生活、工作中的影响力越来越大，各种与短视频相关的经验分享、教学培训、实践训练也越来越多，不少高校在修订人才培养方案时，开设了与短视频创作、短视频运营相关的必修课或选修课。

编者所在的浙江传媒学院新闻与传播学院较早关注这一领域，在课程建设、人才培养、社会服务等方面围绕短视频创作与运营不断探索，积累了丰富经验，取得了一定的成绩。在课程讲授和社会服务的过程中，我们发现，短视频运营是一项实践性很强的工作，而学生的学习如果仅仅局限于课堂教学，是远远不够的。为此，我们做了两方面的工作：一方面，积极对接社会资源，将优质社会资源引入校内，为学生搭建实践平台，形成与社会接轨的业务环境，在校内外导师的悉心指导和学生的潜心学习实践下，先后打造了一批有影响力的短视频账号；另一方面，我们带领学生围绕典型案例做相关案例分析，从而帮助学生进一步理解和掌握课堂上所学到的相关知识，为其以后进入工作岗位，培养良好的学习、分析能力奠定了基础。本书正是我们教学成果的结晶。

本书编写特色

- 内容新颖、注重应用：本书紧跟时代潮流，内容涵盖短视频运营的各个方面，内容创新性强，充分考虑相关课程要求，实践应用程度高，在简要讲解概念和理论的基础上，重点讲解具体的运营方法，着重培养读者的实际运营能力。

- 案例主导、学以致用：本书立足短视频行业，通过大量优质账号的案例分析，让读者真正掌握短视频运营的方法与技巧，达到学以致用、举一反三的学习效果。

本书编写组织

本书由隗静秋、谢怡婷任主编，李丽青、陈雅倩任副主编。陈晶、赵伟英、苏泰宇、蒋怡宁、黄安然、姚亿凝、吴雨薇、方璐、刘妍、洪小婵、吴冰、丁淼、刘天怡、张薇、孙小璇、田宇、周健也参与了资料收集、整理工作。

随着新媒体技术的不断发展，短视频作为新生事物，其相关知识随着社会发展、平台创新、用户变迁、技术变革等不断更新。由于编者水平有限，书中难免存在疏漏之处，希望广大读者不吝指正！

编者

2023年1月

目录

第 一 章

初识短视频

  说起短视频，或许大多数人认为短视频应该就是时长较短的视频的简称。时长较短的确是短视频的显著特征之一，但除此之外，短视频还有许多隐藏的特征，如视频更新频率高、内容题材丰富、娱乐化倾向明显等。短视频扎根于碎片化传播，是当今社会大众喜闻乐见的信息表达方式之一。

  在正式开始本章的学习前，你可以结合个人体验，思考以下几个问题：什么是短视频？短视频内容主要有哪些类型？短视频是从什么时候正式走入公众视野的？其发展历程如何？短视频是怎样实现商业变现的？代表性短视频平台又有哪些？短视频运营有什么深刻含义？带着问题学习，能够帮助我们在后续的学习中深刻理解知识点，一方面可以加深已有内容在脑海中的印象，另一方面也可以明确知识盲区，精准学习。

【学习目标】

- 掌握短视频的基本概念与特征
- 了解短视频内容的主要类型
- 了解短视频行业的发展历程
- 了解主流短视频平台
- 掌握短视频运营的概念
- 了解短视频运营所需的思维
- 了解短视频运营团队的搭建与管理

1.1 认识短视频

近年来，随着移动互联网提速、智能手机轻便化以及流量资费的降低，以较短时长、精练内容、题材垂直为特点的短视频逐渐取代图文成为一种主流表达方式。据第49次《中国互联网络发展状况统计报告》，截至2021年12月，我国短视频用户规模达9.34亿人次，甚至涌现了众多以短视频为主的衍生职业。

↘ 1.1.1 短视频的基本概念与特征

短视频又称"移动短视频""新媒体短视频""网络短视频"，是关于当前互联网上时长较短、内容题材丰富、以移动端为主要载体的视频的总称，鉴于短视频发展迅猛、涉及范围广泛，目前学界业界尚未对短视频概念进行统一阐述。

1. 短视频的基本概念

2015年，王晓红等学者认为短视频是指利用智能手机拍摄的时长5～15秒的视频，可以支持快速编辑或美化并用于社交分享的手机应用。2017年，艾瑞咨询在《2017年中国短视频行业研究报告》中将短视频定义为播放时长在5分钟以下，基于PC端和移动端传播的视频内容形式。2018年，中国传媒大学出版社出版的《短视频产业研究》一书将短视频分为宏观的短视频和微观的短视频，宏观的短视频是一种诞生在互联网下的内容传播载体，以新媒体平台为主要渠道，时长一般在5分钟以内，供用户在休闲时间或者移动状态下观看的视频短片；微观的短视频是视听语言由影视行业的专业术语转化为大众语言的一种信息表达方式。2020年，学者王孜认为短视频是指在各种媒体平台上播放的、适合在移动和休闲状态下观看的、高频推送的、时长较短的视频内容。

综上所述，不管是从应用操作角度还是内容功能角度，短视频都具有时长短、内容丰富、适合移动端观看、兼具社交功能等特征，因此，这里以拉斯韦尔5W传播模式为关键点将短视频定义为移动互联网环境下，人人都可以参与的、在新媒体平台上播放的、视频长度在10分钟以内的、高频率推送的、内容涵盖多样的、适合用户在移动状态下或者休闲时间观看的，能够对用户产生某种作用的新型视频形式。

2. 短视频的特征

总体来看，短视频具有时长短、更新频率高，拍摄剪辑便捷、制作门槛低，题材内容丰富、碎片化娱乐化垂直化明显，社交属性较强，受众范围广的特征。

（1）时长短、更新频率高

相较于其他视频形式，短视频的一个显著特征就是时长短，不同于以往人们印象中以分钟或小时计时的电视剧、电影、纪录片等视频形式，短视频往往以秒为单位，短则几秒，长也不过10分钟。例如，主打音乐创意类短视频的抖音，视频时长在15秒左右；而兼具文化社区和视频平台功能的哔哩哔哩（bilibili，以下简称B站），视频时长在5～10分钟。由于时长限制，短视频内容呈现有限，不管是前期拍摄准备、拍摄所费时间，还是后期编辑剪辑、分段投放播出等，短视频都需要考虑时长问题，时长短在一定程度上能够减少不必要的时间耗费，加快内容的更新速度，实现即时更新。例如风靡一时的抖音卡点变装视频，用户只需要拍摄两套衣服，后期简单进行卡点配乐，即可完成一条展现个人特色的短视频。

（2）拍摄剪辑便捷、制作门槛低

平台拍摄剪辑一体化技术是短视频迅猛发展的关键技术支撑，那些价格昂贵、体积较大的专业设备和剪辑流程复杂、配置要求高的专业剪辑软件不再是短视频拍摄剪辑的必备工具，相反普及率高、价格适中、功能齐全的智能手机成为短视频拍摄剪辑的必备工具。抖音、快手可以实现拍摄—剪辑一体化操作，其功能涵盖快慢速、滤镜、美化、配乐、道具等基本剪辑需求，可以帮助用户以简单、快速的方式完成视频的生产—编辑—发布。此外，抖音还有配套的剪辑软件剪映，用户既可以选择剪辑同款（套用别人创作的模板），也可以在开始创作区域进行剪辑，包括配音频、设置画中画、添加字幕、添加贴纸、添加特效、调色、裁剪等。由于剪映功能齐全、操作便捷，即使是第一次接触该剪辑软件的用户，也能在几分钟内快速掌握基本剪辑技能。短视频制作门槛低，人人都能参与其中，呈现想呈现的拍摄剪辑视角，传播者和用户之间的界限也愈发模糊。

（3）题材内容丰富、碎片化娱乐化垂直化明显

短视频题材内容丰富，涉及生活的方方面面，涵盖时事资讯类、日常生活类、吐槽搞笑类、知识普及类、美食类、美妆类、影视剪辑类等，符合各个年龄段群体的观看需求。整体来讲，短视频时长有限，不同于图文形式内容表达的完整性，其内容碎片化明显，用户了解阅读到的信息体量较以往更巨大、更分散，主要表现为视频话题多样、切入点细化等。另外，短视频风格彰显娱乐化，这一特征与大众对短视频休闲娱乐功能认知高度契合，许多短期内便能实现十万或百万播放量的视频大多属于吐槽搞笑类短视频。具体到每个账号来讲，短视频内容垂直化趋势明显，账号下的内容大多聚焦于某一范围，如美食类账号可以细化为探店类、制作教学类、吃播类等。目前垂直类短视频相较于其他类型视频，能够满足用户持续性观看需求，以及对某一领域深度探索的欲望，在短期内往往能实现较大幅度的粉丝增长。尤其在智能算法的加持下，用户可以轻易找到符合自己观看需求的相关视频。用户在某类视频上停留的时间越长，系统再次推荐的概率就越高；用户不喜欢则可以直接划走或者标记不喜欢，以便系统优化下次推送标准，极大增加了垂直类账号的曝光频率。

（4）社交属性强、受众范围广

短视频的社交功能主要体现在三个方面：一是视频内容下传播者和用户、用户和用户之间的互动，主要参与符号是文字和表情包；二是基于地理位置、微信号、手机通讯录的熟人社交，如用户在抖音和快手平台上总是容易刷到附近熟悉面孔甚至亲朋好友；三是基于系统推荐、共同兴趣爱好的陌生人社交，这一类更多体现在B站、小红书等聚焦于相同兴趣爱好的平台。近年来，随着抖音、快手等短视频平台的快速发

展，年轻用户相识已经逐渐从交换QQ号、微信号改为交换抖音号、快手号，视频的强渲染功能极大增强了内容传播力，受众覆盖范围也达到了前所未有的高度。除此之外，短视频平台的人脸识别技术和AR效果贴纸进一步增强了短视频社交的趣味性，美化效果和变脸贴纸可以隐藏用户原本面貌，产生一种匿名化社交氛围，增加用户自信以及表达、参与的积极性，其中搞笑类变脸贴纸在一定程度上还能引发短视频的病毒式模仿和传播，拓宽市场受众，如抖音平台的手绘头像、"我不会再快乐了"等AR效果贴纸。

↘ 1.1.2 短视频内容的主要类型

目前，短视频人口红利逐渐触顶，各大短视频平台已从流量争夺阶段进入"留量"和"商业变现"的新阶段。卡思数据发布的《2020短视频内容营销趋势白皮书》显示，短视频平台愈发细分，主要分为以抖音、快手、好看视频为代表的综合平台，以西瓜视频、B站、小红书为代表的聚合平台，以剪映、快影为代表的工具平台。鉴于各平台的发展定位不同，在内容分类也有所不同，但区别并不太明显，如抖音和快手的内容涵盖剧情搞笑、美食、美妆、情感、资讯、游戏、宠物、时尚、影视解说、文化艺术等，而B站则包括音乐、舞蹈、游戏、知识、科技、运动、汽车、生活、美食、Vlog、时尚、娱乐、漫画等30余个分区。因此，结合当前短视频平台的内容布局，根据内容主题的差异，短视频内容可以分为吐槽搞笑类、影视娱乐类、美食吃播类、时尚美妆类、新闻资讯类、儿童母婴类、音乐舞蹈类、游戏讲解类、旅游健身类、知识教育类、宠物类、生活记录类等，如表1-1所示。

表1-1 短视频内容类型

主题	节目形式	特点
吐槽搞笑类	个人吐槽，搞笑段子，搞怪模仿	迎合受众娱乐休闲需求，内容同质化严重，亟需创意
影视娱乐类	娱乐八卦，影视剪辑，明星跟拍	受众基础大，传统媒体为主，即时性、互动性强
美食吃播类	美食教学，探店，吃播	准入门槛低，头部主播数量多、收益高，内容垂直化
时尚美妆类	化妆教学，仿妆，穿搭，造型	女性受众为主，对博主化妆技巧要求高，商业路径成熟
新闻资讯类	时事新闻，热点事件报道	内容多样，大多是传统媒体内容的短视频化，具有权威性，可挖掘空间小
儿童母婴类	育儿，辅食选择，测评，动画形象，动画片	专业性较强，年轻父母为主要受众，可发展空间大
音乐舞蹈类	原创音乐，翻唱，舞蹈教学，舞蹈模仿	账号年轻化趋势明显，受制于版权问题

主题	节目形式	特点
游戏讲解类	装备介绍，游戏讲解、教学、比赛	个人风格明显，发展模式单一，用户基础大
旅游健身类	旅游地介绍、讲解、瘦身、健身	内容质量低，"标题党"多
知识教育类	知识科普，财经科技讲解，军事知识，生活技巧	竞争压力小，持续性内容输出关键
宠物类	云养宠物，宠物日常	受众较窄，充满不确定性
生活记录类	生活记录，谈话聊天，粉丝问答	前期需要时间运营内容、培育忠实粉丝，艺人博主发展迅速，其他短视频的辅助形式

1.1.3 短视频行业的发展历程

1. 国内短视频蓄势期

2013年10月，我国互联网公司新浪和腾讯分别推出了"秒拍"和"微视"，正式进军短视频分享领域。其中，秒拍主打"分享你的生活"，时间长度在3～10秒，提供视频滤镜，不提供延时拍摄和配乐，上手比较简单；而微视主打"八秒的沟通"，时间长度在3～8秒，提供视频滤镜、延时拍摄、配乐，上手相对复杂。秒拍和微视的推出，拉开了我国短视频行业的发展序幕，同时也为国内短视频市场的开拓提供了思路。早期，由于智能手机覆盖率较低，用户思维尚未形成，短视频的娱乐休闲属性一直是吸引用户下载使用的第一要素，而短视频平台自带的拍摄剪辑功能并未得到过多关注。

2. 短视频新玩法涌现

2014年5月，厦门美图网科技有限公司推出短视频App"美拍"。美拍主打"人人都是明星"，除了具有mv特效、滤镜、照片电影、5分钟美拍、表情文、在线音乐等功能外，还具有强大的美颜功能，被人们称为"视频界美图秀秀"。美拍将视频剪辑、滤镜、美颜、配乐、高清画质五大要素融为一体，为用户带来全新式的视觉感受，一时吸引了不少用户下载使用，但最终因自身问题被依法下架。这一时间段，短视频市场虽然得到了进一步拓展，但是相伴衍生的各种内容违规问题也越演越烈，引发社会和相关部门关注。

3. 短视频迎来用户内容创作高潮

随着网络基础设施不断完善、4G网络基本普及，短视频分发渠道越发多元化。此时的短视频仍未逃脱内容同质化、用户黏性低、过度娱乐化的弊病，往往是短期爆红、短期消逝，一个新短视频App的上线可能意味着另一个旧短视频App的下线，短视频行业亟需转型。2013年10月，北京快手科技有限公司旗下产品"GIF快手"从单纯的工具应用转为短视频App，一年后更名为"快手"，标志着我国主打用户分享记录的短视频平台正式上线。在快手上，用户可以用照片和短视频记录下自己日常生活的点滴，也可以通过一个个短视频"游览"祖国的大好河山，发现不同的故事，观察大千世界。由此，快手真正开启了用户参与内容生产创作的高潮。

4. 抖音+快手"两超多强"局面形成

截至2018年，快手几乎一直独占短视频领域的大片江山，然而2016年9月，以年轻群体为目标受众、娱乐属性浓重的音乐创意短视频App"抖音"横空出世，短短几年便与快手成为旗鼓相当的短视频领域两大巨头。与此同时，较早创建的B站、小红书在短视频行业也越发壮大，不同于快手和抖音的玩法，B站打造了一个涵盖7000多个兴趣圈层的多元文化社区，小红书则携手"种草"经济，将短视频、用户分享交流与商城实现对接。短视频行业的火爆吸引了腾讯、百度等传统互联网公司的关注，腾讯旗下安插在微信中的微信视频号、百度旗下短视频App好看视频也纷纷上线。

至此，我国短视频行业步入成熟期，平台建设日益完善，内容精品化和强社交趋势明显，商业转化日趋成熟，以抖音、快手、B站为代表的短视频平台竞争格局基本稳定。中国网络视听节目服务协会发布的《2021中国网络视听发展研究报告》显示，2020年我国泛网络视听领域继续稳健发展，其中，短视频领域市场规模占比最大，短视频用户使用率最高，短视频对网民的吸引力最大，短视频领域依旧生机勃勃。

↘ 1.1.4　短视频行业产业链和生态圈

我国短视频行业发展迅速，影响力与日俱增，以抖音、快手、B站、小红书等为代表性的短视频平台竞争进入白热化阶段。与此同时，短视频也存在内容良莠不齐、商业转化模式单一、用户黏性低及版权侵权等问题，极大阻碍了短视频行业的健康良性发展，构建符合平台愿景的良性发展生态圈成为短视频行业的重中之重。我国短视频行业自2013年起步，2016—2017年迎来井喷式发展，2018年进入成熟期，至今，短视频行业不断前进，不仅给予了人们全新的发展机遇，培育了一批忠诚用户，影响了大众的信息接收习惯，让短视频逐渐成为社会交往的主流表达方式，还形成了独具特色的产业链和生态圈，如图1-1所示。

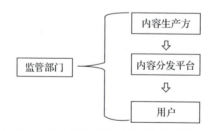

图1-1　短视频行业产业链和生态圈

短视频行业产业链主要由内容生产方、内容分发平台和用户三大部分组成。其中，内容生产方包括普通用户生产内容（User Generated Content，UGC）、"网红"经纪公司和专业视频制作团队或公司生产内容（Professional Generated Content，PGC）、具有专业知识的用户专家生产内容（Professional User Generated Content，PUGC）；而内容分发平台可以分为两类，一类是以抖音、快手为代表的独立短视频平台，另一类是综合性短视频平台，如嵌有购物商城的小红书、内容题材设置丰富的B站、资讯平台及传统视频平台等。这一基本产业链中，在电信运营商、广告商、版权分销商等的支持下，内容生产方进行短视频内容的生产，然后将其内容提供给内容分发平台，再由内容分发平台将内容呈现给用户，用户既可以选择休闲时间观看，也可以积极参与拍摄成为创作者，由此形成短视频行业的基本生态圈。

结合短视频行业发展现状，除了内容生产方、内容分发平台、用户这一基本产业链外，目前参与整个生产链条的还有监管部门、"网红"经济运作模式（Multi-Channel Network，MCN）、提供技术支撑的相关机构、品牌方。其中，监管部门负责短视频内容的审查。在短视频发展初期，不少短视频平台存在违法违规内容泛滥问题，随着国家"净网行动（净化网络环境专项行动）"的推进，各个短视频平台在内容上格外专注。同时，为了进一步落实"清朗"专项行动相关要求，抖音严格打击通过昵称、头像、简介和封面，擅自使用相似、相同名称仿冒国家机构、新闻媒体、企事业单位等误导大众的行为。

而MCN作为适合短视频专业化发展的全新"网红"经济运作模式，其存在十分必要。一方面，在资本的助推下，MCN能够将不同类型、不同风格、不同题材的专业生产内容联合起来，并通过对后台数据的分析，率先洞察用户需求，实现精准内容生产，然后在内容得到稳定输出的保障下，更快更好地实现商业变现；另一方面，MCN可以对用户画像进行标签化细分，通过标签的方式为广告主定位某些可能具有相同兴趣、相同需求的目标广告人群，实现广告的精准送达，帮助广告商实现全新的广告模式探索和广告植入模式的优化升级。中商产业研究院发布的《2020年短视频行业产业链图谱上中下游深度剖析》显示，近年来我国MCN机构数量增长趋势显著，MCN机构主要分布在北京、上海、深圳、杭州等发达城市，MCN竞争格局呈现头部力量发展壮大，如北京新片场传媒股份有限公司、北京青藤文化股份有限公司、北京橘子文化传媒有限公司、杭州如涵文化传播有限公司等企业的MCN机构位居前列。

在技术支撑方面，以剪映、快影为代表的拍摄工具，帮助用户实现拍摄、剪辑后期一体化操作，尤其是模板的使用极大增强了用户参与的积极性，实现"傻瓜式"一键操作。以腾讯云、阿里云等为代表的大数据技术，在用户画像标签化、广告精准投送等数据运营方面发挥巨大支撑作用。以中国移动、中国联通、中国电信为代表的网络服务商为用户提供随时随地在线网络支持，在没有宽带和Wi-Fi的情况下，只要智能手机有流量或话费，用户便可以享受网络服务。而以支付宝、微信支付等为代表的支付渠道则提供线上线下一体化商业服务。对主播和商家而言，消费市场得到了极大拓展。用户可以随时利用休闲时间在线购物，享受来自全世界的商品服务。在品牌方面，品牌方主要负责短视频的商业变现服务，通过在具有一定粉丝基础的短视频账号上进行广告投放，搭建起广告商和用户之间的沟通桥梁。广告商可实现广告的精准投放；用户可实现短视频创收盈利目标，达成双赢。内容生产方、内容分发平台、用户，以及监管部门、MCN、提供技术支撑的相关机构，加上品牌方，构成了一个比较完整的短视频行业产业条，有力地保障了短视频行业持续健康发展。

1.2 主流短视频平台

鉴于短视频平台数量众多，本书主要依据短视频平台的社会影响力、用户群体不同等因素，选取了较有发展特色的抖音、快手、B站、小红书、好看视频、微信视频号作为主要介绍对象。

↘ 1.2.1 抖音：记录美好生活

抖音，是北京微播视界科技有限公司孵化的一款音乐创意短视频社交软件。2016年9月，抖音的前身A.me正式上线，同年12月，A.me改名为抖音短视频。此后，抖音经历了近半年的探索期，系统更新、优化体验、修复bug、主页新增用户名称、滤镜、道具贴纸、音乐收藏、举报机制等，尤其重视种子用户的培养和用户使用效果的反馈，这也是抖音后来居上的重要原因。抖音专注一二线城市的年轻人，他们青春活力、敢尝试、追潮流、爱新鲜。在该平台上，用户可以拍摄视频，选择滤镜、特效、贴纸等，并配上音乐形成专属自己的短视频作品，许多老音乐经过抖音的传播焕发出完全不一样的风格，甚至烙上了时代专属印记，如网友将一些流行歌曲抽出某个片段进行配乐便得到了很高的传唱度和使用率。抖音娱乐属性较浓，用户自主性较强，在视频推荐和流量分发上趋于"中心化"，即视频的播放量、点赞量越多，那么该条短视频被分享给更多用户的可能性越大，获得的流量助推就越大。此外，2017年5月，抖音短视频海外版Tik Tok上线，全新的玩法受到了全世界年轻人的喜欢，目前，除了布局互联网平台，Tik Tok还积极向电视领域扩张，亚马逊Fire TV平台、三星、LG以及Android TV电视平台都可以下载使用。截至2021年12月23日，TikTok已经成为2021年世界上访问量最大的互联网网站。

↘ 1.2.2 快手：拥抱每一种生活

快手，是北京快手科技有限公司旗下的产品，其前身为"GIF快手"，主要用来制作、分享GIF图片。2013年10月，"GIF快手"从单纯的工具应用转为短视频App，2014年11月，更名为"快手"并在2015年迎来市场。作为一家为老百姓记录和分享生活的短视频开放式社交平台，快手界面简单清晰，在视频推荐和流量分发上，快手采用"公平普惠"的分发模式，即"去中心化"，平台内所有短视频都有机会被推荐，因此用户在快手里能够通过更多的普通人的日常生活感受人生百态。快手主张用户用照片、短视频记录自己的生活点滴并分享给全国各地的人，接地气、真实是快手的具象表达，快手也因此聚焦于下沉市场的内容消费和表达需求，走"农村包围城市"的路线，快手的用户大多分布在三四线城市，具有平均学历低、可支配时间多、愿意分享生活参与创作的特点。快手在精准下沉市场的同时，也并未放弃进军一二线城市，如大力发展直播电商业务，加速商业变现。《2020快手电商生态报告》显示，随着影响力的加大，快手用户中一二线城市人群有所增长，二线以上城市贡献了超1/4订单量。

↘ 1.2.3 B站：你感兴趣的视频都在B站

B站（哔哩哔哩），是当代中国年轻一代高度聚集的文化社区和视频平台，于2009年6月成立。早期，B站是一个关于动画、漫画、游戏的内容创作和分享的视频网站，经过十多年的发展，已逐步扩展到各类泛娱乐、科普、财经等硬核内容领域，并聚集了大量优秀UP主（指在视频网站、论坛、FTP站点上传视频音频文件的人）。目前，B站拥有动画、音乐、舞蹈、游戏、知识、生活、娱乐、时尚、放映厅等多个内容分区，涵盖7000多个兴趣圈层，同时辅以影视、纪录片等版权内容，是中国年轻一代的领先视频社区。在内容生产上，B站主要由专业用户自制内容（Professional User Generated Video，PUGV）构成，即鼓励用户制作、上传视频，在此基础上附带弹幕、互动视频等新鲜玩法，具备超强的用户参与度和归属感。在用户构成上，B站的目标用户以一二线城市的年轻人为主，这类年轻群体具有较高的消费意愿和消费能力，也是后期商业变现的重要支柱。此外，B站准入门槛较高，游客无法发送弹幕，需要注册答题，超过一定的分数才能转为正式会员。B站除了积极巩固用户生成内容，还进军自制版权视频领域，2020年推出的首档说唱音乐类节目《说唱新世代》收获众多好评。

↘ 1.2.4 小红书：标记我的生活

小红书，是行吟信息科技（上海）有限公司创建的一个集"种草"安利和消费入口于一体的综合性短视频社区。2013年6月，小红书成立于上海，起初主要专注于海淘经验分享。随着发展空间的拓宽，小红书逐渐成长为一个以优质博主、多元内容、点赞分享互动机制为主，以图文、短视频笔记为呈现方式，倡导用户真诚分享，遵守社区公约，为那些具有相同兴趣、境遇的群体提供展示和分享生活的平台。小红书作为我国"种草"经济的先行者，页面设置简洁，其中首页帮助用户发现关注、随机推荐、推送附近博主的动态，购物页面提供购买服务。由于用户在小红书社区分享的内容大多基于自己的现实消费，因此小红书也被称为"三次元社区"，即用户现实消费后，将体验、心得上传至平台，之后看到此内容的用户也需要再次回到现实生活中消费。由于以女性用户为主，因此小红书在化妆、时尚、测评领域发展迅速，近年来，一些国内本土护肤品和彩妆品牌通过小红书发展壮大，如完美日记、谷雨等品牌。此外，美食和旅游也是小红书发展关键的垂类领域，比达咨询发布的《2020上半年度中国旅游行业分析报告》

显示，小红书已经成为2020年上半年用户经常使用的出行决策平台。目前，小红书的内容储备十分丰富，它在鼓励用户进行原创内容生产的同时，也积极发展电商平台，增加商家入驻比重。

↘ 1.2.5 好看视频：轻松有收获

好看视频，是百度旗下一个为用户提供海量优质短视频内容的专业聚合平台，2017年上线。好看视频内容覆盖知识学习、美食、游戏、生活、健康、文化、运动、社会、情感、资讯等优势短视频，大多来源于政务机构、新闻媒体、优质创作者，类别精细而全面，内容权威而优质。好看视频采用百度智能推荐算法，基于用户需求为用户量身定制视频内容，并且在不断收集用户浏览数据的基础上持续优化，越来越懂用户。在流量变现方面，好看视频通过付费专栏、电商带货、视频赞赏等多元方式进行商业变现。在内容生产方面，为鼓励用户积极参与原创优质内容的生产，好看视频大力发展创作者扶持计划，鼓励扶持内容创作者发展，推出"轻知计划""知识讲说人计划"，为媒体人、律师、评测人等泛知识类优质创作者提供帮助，还孵化出"好看博士团"科普创作者团体，为用户提供有趣、权威的科普内容。此外，好看视频还积极发展优质自制内容，提供优质内容一键关注功能，试图通过提供优质内容与其他短视频平台区分开。QuestMobile发布的《中国移动互联网发展启示录（2022版）》报告显示，70.8%用户使用好看视频是由于其知识资源丰富、便于获取知识，因此长期来看，好看视频内容布局将愈发知识化、体系化、精细化。

↘ 1.2.6 微信视频号：记录真实生活

微信视频号，是腾讯公司旗下安插在微信中的短视频平台，于2020年1月上线，与其他订阅号、服务号有所区别，它是一个全新的内容记录与创作平台。微信视频号被设置在微信发现页面中的朋友圈入口下方，用户也可以在设置中选择隐蔽或打开视频号，正式使用时简单注册即可。由于微信朋友圈对视频发布时长的限制，此前一些想要发布时长较长的短视频用户需要下载微视App，上传发布内容后再同步或转发至朋友圈；而微信视频号的上线为用户在朋友圈分享短视频提供了极大便捷，用户只需要在微信视频号上传内容，之后再转发或分享至朋友圈即可，同时微信视频号也支持点赞、评论、互动，使用户还能看到好友的点赞记录等。在推荐机制上，微信视频号基于用户的兴趣、社交分发、算法和地理位置进行内容推荐，通过强关系社交圈，率先推荐朋友点赞过的视频，之后再结合兴趣、地理位置等其他信息不断优化内容推荐。这种"社交+算法"双重推荐机制，可以让更多创作者在这里相遇相知。目前，尽管微信视频号已经拥有不少优秀关键意见领袖（Key Opinion Leader，KOL）入驻，但是内容更多是其他短视频平台的搬运。同一内容多视频平台分发，相比抖音和快手的播放、点赞、转发量，微信视频号明显滞后。因此，未来微信视频号在特点打造方面仍需持续更新升级。

1.3 短视频运营攻略

短视频行业发展迅速，随着抖音、快手等短视频平台的发展模式和商业模式的不断完善、更新，短视频作为一种营销推广渠道已经成为各行各业积极实践的新风口，短视频运营自然也就十分关键。

1.3.1 短视频运营的概念和重要性

关于短视频运营的概念，目前学界业界尚未有具体定论。短视频运营顾名思义是指管理、经营短视频，包括如何实现账号的快速涨粉、如何保障账号内容的持续性输出和健康发展、如何借助短视频的力量让内容更具有传播力、如何实现流量的商业变现等。对于以短视频为职业的博主或以短视频作为营销推广渠道的企业来说，其短视频账号运营情况关系着账号的长期发展、持续性吸粉涨粉和后续的商业转化，意义重大。

1. 短视频运营的概念

短视频运营具有广义和狭义两个层面，广义的短视频运营包括内容运营、产品运营、商业运营和互动模式；而狭义的短视频运营指内容运营，如内容更新、内容维护等。因此，本书所讲短视频运营更偏向于广义层面，即主要探讨内容生产方如何借助短视频平台设计、制作、拍摄、剪辑更多优质内容，然后如何在短视频平台进行分发，如何策略，怎样可以获得更多播放量、点赞、转发，以及如何吸引用户、增强用户黏性，并在流量有所保障的前提下，如何进行市场化运作，如接广告、发展粉丝经济、开拓产业链等，从而保障短视频账号的长期可持续发展。具体来说，短视频运营可以细化为短视频渠道运营、短视频内容运营、短视频用户运营、短视频社群运营。

2. 短视频运营的重要性

互联网时代，用户承担着传播者和接收者的双重角色，是短视频发展的关键因子，短视频运营对于短视频行业建设具有重要意义。首先，反馈及时，内容生产更有效率。运营者通过分析和整理后台数据，可以发现用户观看偏好；通过分析和管理弹幕区、评论区的留言，可以及时与用户互动交流，听取来自用户的意见，然后重新更新内容、制定策略并将信息反馈给用户，能够实现双方的有效沟通。此外，用户的反馈可能在无意间为创作者带来灵感，如新的选题、新的玩法、新的市场需求等，帮助创作者精准定位用户消费需求，进而实现内容传播最大化。其次，培育忠实用户，流量变现更便捷。短视频运营可以使创作者更容易与用户沟通交流，从而及时获取用户偏好，针对固定用户展开持续性、垂直性的内容输出，培育积累用户，在此基础上让流量变成留存用户，通过商业植入等给短视频创作者或短视频团队带来可观收益，助推其生产更多优质内容。此外，短视频运营还能帮助创作者或团队及时掌握真实有效的第一手数据，帮助其洞察市场变化，明确自身产品定位，分析与其他竞争者之间的差异，从而获得真正的市场竞

11

争力。总之，在短视频平台竞争进入白热化阶段的大背景下，短视频运营对于短视频行业形成短视频内容生产、分发、变现的良性循环生态圈具有关键作用。

↘ 1.3.2　短视频运营的五大思维

短视频运营思维与互联网思维息息相关，它既来源于互联网思维，又是互联网思维在短视频领域的精练，具体包括创新思维、内容为王思维、算法思维、垂直思维以及粉丝培育思维。

1. 创新思维

创新思维是一种以新颖独创的方法解决问题的思维模式，这种思维模式往往能突破常规思维方式，以超常规甚至反常规的视角思考问题，从而提出创新性的解决方案，并产生新颖独到、意义丰富的思维成果。互联网时代是"万物互联"的新时代，好的创意和想法只要能出圈，就能够得到最大限度的关注，引发各种模仿，同时接受来自全世界的检验。因此，创新思维在短视频运营中十分重要，不仅要求短视频运营者在内容策划、拍摄、剪辑、分发各个阶段紧跟潮流、发现热点、争分夺秒，还要短视频运营者考虑短视频账号本身的特色，进而根据个性定位进行多角度多方面的运营与规划，发现他人没有注意到的或者已经有苗头的新鲜点。例如备受广大用户关注的家庭搞笑吐槽类短视频，大多数内容都是与家人斗智斗勇、引起年轻人共鸣的父子父女或者母子母女关系，而2021年抖音涨粉较快的账号之一"晨晨"，则以小学生的视角展现了调皮小男孩和搞笑妈妈的打闹日常，在剧情设置方面十分巧妙，真实亲切，并采用本土特色方言减少与用户的距离感，内容紧跟热点，为用户带来了家庭关系的全新视觉体验。

2. 内容为王思维

"内容为王"一词由维亚康姆公司总裁雷石东提出："传媒企业的基石必须而且绝对必须是内容，内容就是一切！"在互联网不同形态的产品中，优质内容始终是其飞速和长期发展的关键，只有源源不断地供应优质内容，才能留住用户。在短视频运营中，短视频内容质量的高低决定短视频账号能否长远发展。优质内容并非指短视频内容一定要杜绝纯娱乐玩法，而要在遵纪守法、不僭越社会道德的前提下，展现出有思想、有觉悟、有品格的内容特色，改善视频质量。例如音乐博主"碰碰彭碰彭"，其视频内容主要围绕国外古筝演奏、传递中华文化展开，古筝演奏既有国内音乐也有国外音乐，音乐选择也并非全部都是热点歌曲，而是根据与古筝音色、风格的匹配度挑选古筝演奏歌曲，这种有质量的古筝音乐不仅能给人们带来全新的视听体验，还能在一定程度上传播中华文化，促使路人转为粉丝，增强用户黏性，实现商业变现。除了内容质量方面，短视频运营者还可以从设备使用、剪辑技巧方面渲染优质内容，如采用清晰度较高的拍摄设备、加强剪辑技术的学习与运营等。

3. 算法思维

算法思维最初只在数学领域中使用，指用来解决数学问题的方法，即通过有限的操作步骤解决某一问题的方法；而在短视频运营中，算法思维更多指机器算法，即要充分了解计算机的推荐机制，不断优化计算推荐，提高内容的覆盖率，在提出问题时要充分考量与问题有关联的其他因素，并将复杂的计算抽象为具体可重复的模块，交由计算机解决，从复杂到抽象，一步一步进行简化。在短视频运营过程中，算法思维一方面要求运营者重视对后台数据的计算分析，通过分析整理能够发现哪些短视频内容比较受关注，哪些互动性较高，互动中的哪些评论能够成为新的选题思路，什么时间段发布最有效率等；另一方面要求创作者能够结合不同短视频分发平台的算法特色，有针对性、有效率地进行内容的制作与投放，最大限度地利用平台资源，实现内容的更多用户触达。算法思维最关键的点是非单一原则，强调灵活和全局性，希望以最短的时间、最少的资源，实现最高的效率。对于短视频运营而言，运营者在进行内容推广时，要结合平台特色、自身资源等多重因素，以最低的花费在最短的时间内实现用户数量的增长。

4. 垂直思维

垂直思维由"创新思维之父"爱德华·德·博诺博士提出，指按照一定的思维逻辑路线进行由下而上、由上而下、由浅入深、由深入浅的思考，问题与答案呈现一一对应关系，与其相对应的还有水平思维。在短视频运营中，垂直思维是指运营者在进行账号内容运营时，尽量选择发布同一主题下的不同内容，尽管大多数用户需要接受不同的信息输入，但是对某一细分内容的多方面了解也十分必要，如主打运动健身的内容垂直平台"Keep"。短视频垂直类生产能增加内容价值，但随着内容的挖掘与深化，部分垂直类短视频内容创作者也需要更专业的知识储备，才能为用户进行持续性相关内容的生产。短视频垂直类生产还能精准定位目标用户，增强用户黏性，短时期内实现快速涨粉，提高变现价值。同时垂直类短视频的社区属性浓厚，粉丝群体认同度较高，能够形成相对宽松、融洽的良好氛围，实现创作者和用户之间的高效沟通。例如"湖南娱乐"抖音号的内容生产基本围绕艺人开展，可挖掘空间大，更新频率高，同时兼顾了不同艺人粉丝需求，培育了一批忠实粉丝，截至2022年2月，粉丝数量达到千万人。

5. 粉丝培育思维

粉丝思维是指社交媒体时代下，在消费者中形成的一种具有品牌依赖性、黏性的消费思维模式，即"得粉丝者得天下"。粉丝培育思维则是指在具有相同爱好追求的粉丝群体组成的社交和文化圈子中，通过打造品牌思维吸引粉丝、建立情感连接、激发参与感、建立粉丝群，吸引更多粉丝进入粉丝圈，并进行粉丝的管理与维护。在短视频运营中，运营者往往使用粉丝群的方式对账户下的粉丝进行统一管理，如定期发福利、与粉丝互动、惊喜送礼等活动，通过粉丝培育在一定程度上可以增加账户粉丝数，明确短视频内容定位，增强粉丝黏性，实现商业变现，实现短视频的品牌打造与传播。例如，B站UP主在粉丝运营与管理上十分重视与粉丝的互动和交流，一方面在视频内容中发出提问性的问题、设置投票选项，通过"喜欢请扣1，不喜欢请扣2""请把666打在公屏上"等，让粉丝在观看短视频的过程中感受到其与UP主及其他粉丝之间的互动交流，营造现场体验感。另一方面，部分UP主还在视频中设置评论时间，即UP主对粉丝询问的问题进行选择性回复，这种有意识的粉丝互动，在一定程度上能给粉丝带来一种被关爱、被陪伴的感受，进而增强粉丝黏性。

↘ 1.3.3　短视频运营团队的搭建与管理

近年来，随着短视频行业的快速发展，短视频运营人才成为各行各业的争抢对象。但由于短视频运营的准入门槛较低，有一些非专业出身的人比专业出身的人"玩"得更好，因此在短视频行业，真正专业的运营人才并不多见。当下短视频发展的人口红利逐渐消退，实现优质内容生产、更有效率地管理和维护粉丝、保障内容的稳定输出等，成为许多短视频运营团队的重要发展需求。2020年7月，人力资源和社会保障部发布"九大互联网新职业"。其中"互联网营销师"横空出世，指在数字化信息平台上，运用网络的交互性与传播公信力，对企业产品进行多平台营销推广的人员，包括选品员、直播销售员、视频创推员与平台管理员。这也标志着短视频运营正朝着专业化、标准化方向持续发展。

1. 短视频运营者的必备素质

短视频运营者的必备素质既包括专业素质，也包括实战技能，两者相辅相成。

（1）专业素质

短视频运营者必备的专业素质主要包括短视频相关政策法规理解能力、行业分析能力、竞品分析能力。其中，短视频相关政策法规理解能力指短视频运营者要了解国家发布的关于短视频及其内容相关领域的政策、法律法规，以及短视频平台公布的规则和玩法，知道哪些内容不可以发布，运营成功的账号一旦被封禁后面临哪些严重的后果。行业分析能力指短视频运营者要了解短视频行业的整体产业结构、所处生命周期以及行业发展相关报道，多渠道获取短视频行业的发展信息，多方面考量自己的行动，构建大局视野，从而在不断探索中发现更多的机会与可能性。竞品分析能力指短视频运营者要学会通过SWOT分析法分析不同短视频平台的优劣势，从而发现最适合自己内容定位的发展平台，如漫画类短视频更适合在二次元用户较多的B站投放，配上背景音乐的5～15秒竖屏变装短视频更适合在抖音投放。

（2）实战技能

短视频运营者必备的实战技能主要包括创新创意、优质内容、算法流量、垂直发展、粉丝培育等思维认知，以及内容策划、拍摄剪辑、社群运营、数据分析等电商运营的能力。短视频运营者在思维认知方面尤其要注重分寸感、沟通执行力、创造创意性的培养，仔细观察和体验生活，在紧跟热点的同时能够发现不一样的小细节。在内容策划上，运营者要提前准备选题，具备敏感性和创造性；关注热点和大众共性的结合，有设计又不刻意；提前撰写好脚本，不断修改优化。在拍摄剪辑层面，运营者应注重对各类视频处理软件如Adobe Premiere Pro（Pr）、Adobe Photoshop（Ps）、Adobe Audition（Au）、Adobe After Effects（Ae）等的应用，同时兼顾不同类型短视频主题的质感要求和配乐的契合度。在社群运营上，运营者要从粉丝搭建、粉丝管理和粉丝维护三方面出发，提高用户的活跃度、留存度和转化率。在数据分析上，运营者要具备良好的数据统筹分析能力，重视对粉丝数、点赞数、播放量的整理与分析，力图通过数据洞察用户偏好。目前，电商运营人才较为短缺，随着短视频平台商业变现效率的提高，聚焦在直播引流转化和店铺优化成单上的运营人才将更为短缺。

2. 短视频运营团队的搭建

短视频运营团队一般由出镜者、编导、摄影师、剪辑师、运营者组成，团队人员各司其职。其中，出镜者负责短视频内容演绎，配合编导完成脚本执行；编导主要负责脚本撰写和整个拍摄计划；摄影师负责拍摄、镜头选择等；剪辑师负责视频内容的后期剪辑包装；运营者则负责内容的上传分发、文案撰写、商业变现和粉丝社群维护等，这是一个相对比较基础的短视频运营团队构成。

就目前短视频运营现状看，短视频运营团队可分为三类：第一类，出镜者、编导、摄影师、剪辑师、运营者分工明确，各司其职；第二类，运营靠自己，其他环节需要外包；第三类，一个人负责所有事务。对于一些起步初期的短视频创作者来说，组建专业的短视频运营团队很难实现，主要是因为经济能力有限。

3. 短视频运营团队的管理

短视频行业相对包容与开放，也集聚了众多有个性、有能力、有才华的人。但没有规矩，不成方圆，短视频运营团队也需要遵守法律法规，制定规章制度来规范运营者的行为。

从法律法规上看，短视频运营者需要遵守《中华人民共和国网络安全法》《信息网络传播权保护条例》《互联网信息服务管理办法》《互联网视听节目服务管理规定》《网络视听节目内容审核通则》《网络短视频平台管理规范》《网络短视频内容审核标准细则》等相关法律法规。

从短视频团队内部构建上看，运营团队要完善管理制度，奖惩分明，营造有制度又不失融洽氛围的工作环境。例如组织短视频运营新员工参加阶段培训，帮助其熟悉相关法律法规、各个平台的规则，然后将新员工分配给老员工带，使其逐渐熟悉团队业务和运营的工作要点，并强化新员工的团队使命感、责任心；对所运营账号进行整体规划，如内容方向、脚本策划、商业营销目标等。以美妆类视频为例，运营团队需要提前了解护肤品的分类、护肤品的成分及其具体功效、头部账号都在做什么、有哪些变现方式，然后定位自己的内容特色，与别人区分开，最后随着接收内容反馈的增加，不断优化更新内容。

短视频团队管理人员需要制定账号内容的生产流程，如选题、内容定位、策划、拍摄、剪辑、上传等，并时刻关注账号的运营进度；采取上下班时间弹性打卡，提高福利待遇，增强团队人员的归属感、获得感，减少关键人员流失现象。

课后习题

1. 简述短视频的特征。

2. 简述短视频内容分类，并谈谈如果你打算开设一个短视频账号，你会倾向于选择哪种类型的账号。

3. 论述短视频平台的异同（发展历程、内容设置、受众分布等）。

4. 论述短视频运营的重要思维及团队搭建和管理的重要意义。

5. 结合自身短视频平台的使用体验，谈谈你为什么尤其喜欢某一短视频平台。

第 二 章

短视频账号定位

人们常常说要找准定位。定位的字面意思是找准方位，确定界限。在商业理论中，定位就是让品牌在用户的心智阶梯中占据有力的位置，使品牌成为某个类别或某种特性的代表品牌。

为什么要定位？找准定位是短视频创作的起点。第一，在短视频运营中，定位能够帮助短视频创作者筛选目标人群，决定算法系统会推荐什么样的用户。短视频创作者既不能将所有用户都定位成自己的目标用户，因为这样可能浪费推广资源，也不能将目标用户定得太狭窄，导致选中了核心目标用户，却忽视了潜在用户。第二，定位能够决定一个短视频账号能否长远发展。对于短视频创作者来说，明确短视频定位可以方便、明确、持久地输出内容，可以为该账号设计清晰的记忆点，提升粉丝黏度。

短视频创作者如何找准适合自己的定位？本章介绍了短视频账号定位的六个主要方面，每个方面都提供了相应的解决方案，短视频创作者需要依据个人情况和资源，自由选择，从而形成独特的风格定位。

【学习目标】

- 认识短视频定位的基本类别
- 结合案例了解短视频定位的意义
- 了解短视频账号定位的步骤和技巧

2.1 短视频账号的功能定位

任何一种工具都有其特定的功能，短视频也是一种工具。策划一个短视频账号，我们首先要确定这个工具具有哪些功能，能够为我们自身产生何种价值。常见的短视频账号的功能定位有以下几种。

↘ 2.1.1 品牌营销

如果短视频创作者是一名公司主管或员工，需要利用短视频为自身品牌建立口碑传播，搭建良好的品牌形象，利用短视频进行品牌的线上宣传推广，那么就符合品牌营销的定位。

利用短视频做品牌营销的优势在于，能够帮助经典品牌年轻化、年轻品牌潮流化。例如，大型金融保险企业中国人寿借助短视频营销契机，在2021年3—9月联手新华网举办"我的国寿时光"中国人寿短视频大赛，向中国共产党成立100周年献礼。在此期间，中国人寿围绕"成己为人，成人达己"的企业文化核心理念和"相知多年，值得托付"的品牌口号，通过发动征集、评选、投票、展播、二次创作、传播等，与全系统员工共创内容，鼓励员工结合自身岗位，多维度地利用视频记录自己的国寿时光，既拒绝了生硬的品牌植入，也规避了自我感动式的品牌营销活动，内容深度共创达成品牌致胜力，借助短视频，让老品牌与年轻一代对话，如图2-1所示。

图2-1 中国人寿短视频大赛宣传海报

进行品牌营销定位需要注意的是，在新媒体时代，品牌营销不同于传统媒体时代请视频制作团队做一个宣传片，而是要潜移默化地获得用户信任。对此，短视频创作者可以从品牌文化、企业文化、讲述品牌故事等方面入手。广告的作用是讲品牌和产品，而在新媒体平台或者短视频平台上，好的短视频则是在讲温度、讲场景、讲故事，而非单纯地讲品牌、讲产品。从这三个维度出发，短视频创作者才能制作出更吸引人的短视频，传播一个品牌的价值观，构建出一个完整的人格化的公司的品牌形象。

2.1.2　展示自我

短视频创作者如果有一技之长，可以通过拍摄短视频展示自我。这里的"技"不局限于厨艺、琴棋书画、舞蹈等传统意义的特色，在短视频时代，任何方面只要比他人突出，就有可能吸引观众的目光。家里的宠物长相奇特、擅长理解主人的用意等，都可以理解为特色，短视频创作者就可以考虑用短视频的形式，在短短的几十秒里将这种特色表现出来。

展示自我的定位尤其适用于有分享欲、有表达欲的短视频创作者，出于分享和表达的渴望，灵感源源不断，素材信手拈来。例如抖音短视频创作者"桃黑黑"，面对镜头用诙谐的表达方式讲述自己今天的遭遇、对某件事情的看法等，其用词和语句引来了众多模仿；年仅12岁的抖音短视频创作者"苏璇儿"喜欢用Vlog（video blog，视频网络日志）的形式记录生活，其落落大方、阳光自信的形象目前已经吸引了将近600万粉丝。

2.1.3　销售商品

如果你有相应的货源，想要通过网络销售，那么就可以将账号定位成"种草"账号。

"种草"是一个网络流行词，一指分享推荐某一商品的优秀品质，以激发他人的购买欲望的行为；二指把一件事物分享推荐给另一个人，让另一个人喜欢这件事物的行为；三指一件事物让自己由衷喜欢。

短视频"种草"可以分为两种：一种是直接宣传，找准商品的卖点，简洁明了地讲述其如何解决消费者相应的痛点；另一种是间接销售，演绎一段故事情节，将商品信息植入其中。前者适用于单纯想要让自己所有的货源快速接触公域流量的账号，后者适用于一些网络红人账号接广告，对象是信任自己的粉丝，即私域流量。有些短视频创作者在账号名称中就表明了自己的定位。

按照销售方式，销售商品可以分为以下几种。

（1）细节展示：选择商品的核心卖点进行细节展示。

例如，抖音平台专做商品"种草"的账号"乔乔好物"，非常擅长在30秒内突出产品核心卖点，基本上都是用配音讲解加视频展示的模式。其在推荐挂烫机的视频中，既重点讲解手持挂烫机出雾大、体积小、家用或者出差旅行携带都很方便的优点，也用实际操作画面展示产品质量和使用场景，一目了然，如图2-2所示。

图2-2　展示手持挂烫机细节

（2）产品对比：告诉观众"你买错了""你买贵了"或者"你买差了"。

"乔乔好物"在对一些具有创意的生活用品进行介绍时，会将其与传统产品做对比，突出创新产品的卖点。此外，"乔乔好物"还在视频的开头呈现将传统产品"丢掉"的动作，形成更为强烈的视觉冲击，如图2-3所示。其介绍新款插座的文案是"家里还在用这种插排的，一定要反思一下自己。这是我家的魔力插座，功率大，插孔多……"。

图2-3　展示将传统插排"丢掉"的动作

（3）使用方法：分享商品使用的技巧，既能帮助用户了解商品，也能暗示观众"这种商品可以提升生活品质"，这是如今美妆产品推荐类短视频常用的技巧。

例如，美妆博主"毛戈平"，作为一名专业的化妆师，其账号定位就是真人出镜的变美干货，通过讲解化妆刷、眼影、底妆等产品的使用技巧，分享普通人的变美思路，塑造个人品牌形象，再通过直播、广告等方式实现个人品牌产品的销售。

（4）知识讲解：通过科普的方式告诉用户一些关于产品、行业的知识或者专家建议。

（5）产品测评：随着观众对从短视频中获得"干货"的需求越来越强，对短视频创作者的要求也越来越高，具有资源优势的短视频创作者可以对同类不同产品或者同系列产品不同款式进行测评。

例如，杭州老爸评测科技有限公司旗下品牌"老爸评测"，在抖音、快手、微博、微信公众号、B站、小红书等多个平台创建账号，拥有超过2000万的粉丝，短视频常常提供科普评测、优选电商、便民检测等服务，本着"发现生活中看不见的危害"的理念，以知识讲解和产品评测结合的形式提供内容。

2.2　短视频账号的IP定位

IP（Intellectual Property）直译为知识产权，在互联网时代逐渐引申为所有成名的文创（文学、影视、动漫、游戏等）作品的统称。在短视频行业中进一步引申，能够仅凭自身人设的吸引力，挣脱单一平台的束缚，在多个平台上获得流量，就是一个IP，它是能带来效应的"梗"或者"现象"，这个"梗"可以在多个平台发挥效应，因此IP也指个人品牌，能带来流量的品牌。短视频账号的IP定位，需要打造一个清晰的人设，同时也要找准切入点，实现差异化。

↘ 2.2.1　打造人设

人设是一个短视频创作者清晰的标签，简单来讲，就是能够用一句话介绍清楚自己，如"我是谁，我是干什么的？"。在成千上万的视频中脱颖而出，吸引用户，需要靠短视频背后的人格化特点。例如，"我是田姥姥"账号用一句话概括人设就是调皮外孙用第一视角记录和幽默姥姥的搞笑日常。

除了要清晰、人格化、有突出特点，打造人设容易被忽略的原则是真实。打造人设不能过分追求完美，无论优点还是缺点都要展现出来。要知道，任何人都存在瑕疵，有瑕疵才能形成一个丰满、立体的形象，独一无二的、有血有肉的形象。"我是田姥姥"的人设特点是急性子、善良而又有些呆萌，这样立体丰满的形象较难复制。

↘ 2.2.2　找准切入点

短视频创作者在创作初期一定要找到一个适合自己的方向，从一个小的亮点出发，能够突出放大自己在某方面的优势。在每个视频中，坚持这一个亮点，形成自己鲜明的

21

标志，例如用口头禅、打招呼的方式等达到让人记忆深刻的效果。在新媒体时代，IP定位要找准切入点，有特色，这个特色是指与其他短视频创作者不同的地方。

（1）可以模仿某个短视频创作者，包括运镜、语言表达、台词等，但不要模仿全部，在其中增添反差感，实现模仿中的超越。

（2）在熟悉的事物中营造陌生感。既荒诞而又能让人产生共鸣，如抖音短视频创作者"熬一耶."，用大家熟悉的电影元素，添加大学宿舍的事物元素，搭配精湛的演技演绎剧情，令很多粉丝叫绝。

（3）不同元素碰撞，营造出一种反差感，也能迅速脱颖而出。例如抖音短视频创作者"张同学"，运用高级的摄影手法拍摄中国乡村生活，他的作品契合当前乡村振兴的主题，没有美颜、滤镜，凭借别具一格的真诚和真实淳朴的农村生活场景打动用户，触及用户的情感痛点。

2.3 短视频账号的用户定位

对于短视频创作者而言，用户定位也是需要考虑的重要问题。随着互联网的发展，受众和观众都已经被称作"用户"，人们对"用户"的一般定义是："用户又称使用者，是指使用计算机或网络服务的人，通常拥有一个用户账号，并以用户名识别。"也就是说，他们是有一定身份标签的、互相有区别的传播对象。

⬎ 2.3.1 做好用户画像

当前的新媒体时代是一个以用户为中心的时代，短视频创作者需要了解用户的需求，明确自己的内容是给谁看的，是为谁而生产的。短视频平台的流量分配与用户画像有着严密的联系，只有做好用户画像，才能拥有源源不断的推荐流量。用户画像具体包括对粉丝群体的性别、年龄、地域、学历、偏好、消费水平、付费习惯等方面的基本圈定。

⬎ 2.3.2 从用户需求出发

随着新媒体尤其是智能媒体技术的发展，"用户"作为以往传播环节的末端，在新的媒体生态环境之下发生巨大的变化，他们已经不仅满足于被动地接收信息，而呈现出多样化的需求。短视频创作者也可以选择一个熟悉的用户群体，试图满足这一群体的需求。

1. 感官需求

人类对外界的感知主要依靠视觉、味觉、听觉、嗅觉、触觉这五大感官。短视频能够满足视觉和听觉方面的感官需求。除了常见的风景、高颜值人物带来的视觉享受外，当前一种以听觉为主、视觉为辅的助眠短视频变得流行起来，这种视频往往以"沉浸式

××"为主题，如"沉浸式化妆""沉浸式吃螺蛳粉"等，还有以采耳、轻语和物品有节奏的敲击声为主要内容的短视频，如图2-4所示。

图2-4 各种主题的助眠视频

助眠短视频的创作门槛较低，创作者只需要录制一些好听的声音即可，但也需要注重视频的观赏性。主题、画面、场景趣味性强的视频更容易获得用户的喜爱。

2. 信息需求

在某一方面有专业性，有经济、资源等方面的实力为他人提供专业建议的创作者可以满足用户的信息需求。例如"老爸评测"就属于瞄准用户的信息需求而打造的短视频账号。

而B站视频创作者（UP主）"空卡空卡空空卡"，毕业于华中科技大学，凭借分享考研时间管理、学科复习技巧等实用型干货受到追捧。

3. 情感共鸣需求

在抖音平台上有一些比较成功的短视频账号，如"沈一只""皮皮真的狗""影子先生"等，或针对各式各样的情感问题，结合生活经验、真实案例给出自己的情感建议；或运用发人深思的情感故事以表演或者漫画的形式演绎，直观呈现于用户眼前，从而引起用户共鸣，引起他们在情感上产生更多的思考，从人类情感需求角度出发，帮助人们认识自我、寻找慰藉、探寻情感解决方案。

除了这种直接的情感共鸣方式，还有间接的情感共鸣方式，即看起来是信息输出，同时也在进行着与用户的情感连接。B站科技区UP主"老师好我叫何同学"就是一个绝佳的案例，他发布的关于5G体验的视频曾被各大媒体点赞转发。他的视频内容主要是对科技数码产品进行测评和讲解，其过人之处就在于出色的文案。有网友给出了高度的评价，认为其文案"在体现务实的理性主义的同时，有浪漫的人文主义情怀"。例如，谈及摄影的意义，他在文案中写道："生活中的点滴，虽然平凡，也同样隽永。在别人看来不明所以，在你看来却感慨万千的画面，才是手机摄影最大的意义。""当我翻看手机里的照片时，给我最大触动的从来不是从网上保存下来的构图精致、极富张力的照片，而是那些承载着我回忆的画面。"何同学的大部分视频用户是学生，他们对科技数码产品有信息需求，对社会也具有开放式、创造性的思考。他的视频很好地满足了这部分用户群体的需求。

2.4 短视频账号的内容定位

人们常说"内容为王"，短视频内容定位实际上是一个综合定位，主要分为生活Vlog、知识技能分享、搞笑娱乐、吃喝玩乐探店、情感解读、剧情类等。

↘ 2.4.1 生活Vlog

对于"95后"甚至"00后"来说，Vlog已经逐渐成为一种记录生活、表达个性的主要方式。它的全称是"video log"，即视频日志，简单来讲就是用视频的形式记录日常。

优质Vlog的共性在于原创性、有特点、真实性、主题明确（用户看完视频之后能够得知视频主要在讲什么）、有互动（包括和用户互动、和视频内的其他人物互动）。优质Vlog具有以下明显特征：画面场景丰富，叙事具有完整性，同时配有高质量画面、完善的后期制作、内容持续更新，对用户有帮助。

↘ 2.4.2 知识技能分享

实用技术类视频在抖音上一直非常受欢迎，各类实用培训教程、资源集合、美食类教学、生活技巧等视频都属于此类视频。这类视频的用户虽然规模有限，但更加精准，可以带来更多转化。这类视频很好地利用了用户的收藏心理，人们总想着"先点赞收藏，以后可能会用得上"。只要短视频创作者有一项还不错的技能，就可以拍成视频。例如，无论用户是什么身份，都会与美食发生交集，在抖音上有很多火爆的美食类视频，因为很多年轻用户不会做饭但想学做饭，这些步骤简单、菜式精致、看起来色香味俱全的菜肴更吸引他们。

2.4.3　搞笑娱乐

搞笑娱乐类视频覆盖范围广，几乎所有的平台用户都可能关注。搞笑娱乐类视频的内容包括讲笑话、演绎搞笑剧情等。短视频最主要的使用场景是用户在碎片化时间内消遣，当用户看完视频后捧腹大笑时，点赞就成为一种顺其自然的行为。因此搞笑娱乐类视频更容易成为爆款。与其他类型短视频相比，搞笑娱乐类视频的内容要求更高，必须有笑点，让人看了立刻就有点赞和转发的欲望。

2.4.4　吃喝玩乐探店

美食、游乐场所的探店短视频越来越火爆，这类短视频策划起来较为简单，并且有丰富的视频素材，其传播对象也非常精准。这类短视频对城市各处美食的全方位展现能够吸引本地人，也能够吸引旅游者。其变现模式是在探店过程中进行广告植入，收取佣金。

2.4.5　情感解读

当前，社交媒体中的"意见领袖"有向"情感领袖"过渡的趋势。短视频创作者中不乏情感博主，其视频内容多为家庭关系、情侣故事、育儿故事的分享等。短视频创作者真诚、亲切的形象能够让用户把短视频创作者当作朋友，愿意把一些生活中较为私人化的事情与其进行沟通，这是短视频创作者获取了用户信任的一种表现。因此，短视频创作者将内容定位设置为情感解读也比较有前景。

2.4.6　剧情类

在短视频流行的背景下，剧情类短视频既迎来了机遇，也迎来了挑战。剧情类短视频大致可以分为情感类、行为模仿类、安全教育类、纪实类、悬疑推理类等类型。每一个剧情类短视频账号都有鲜明的主题与人设，以此吸引不同的用户。IP的孵化与原创剧情成为剧情类短视频的主要创作趋势。

2.5　短视频账号的视频形式定位

短视频的形式决定短视频给人的视听效果，打造一个专业的短视频账号需要尽量在每个短视频的形式上实现统一，按照一定的章程进行制作。常见的短视频形式包括以下几种。

2.5.1　真人实物出镜

真人实物出镜的优点在于辨识度极高，一般用户数量较多、IP化程度较高的账号都是真人实物出镜的；缺点在于对演员表演素质要求高，包括表现力、亲和力等。真人实物出镜适用于生活Vlog、剧情类等类型的视频作品。

↘ 2.5.2 虚拟动画形象

为保护个人隐私，或者出于在镜头前想要表现得更加从容的目的，一些账号常使用虚拟动画形象代替真人实物。这些账号或是绘制或使用已有的动画人物形象进行内容讲述；或是用特效将个人面部替换成动态的虚拟头像，其优点在于滑稽可爱，保留个人的表情、神态，但能够隐去真实样貌。例如，在短视频平台火爆的"我不会再快乐了"特效，能够使人物面部扭曲变形，同时有汗滴落下，表现出"无语""尴尬"的情态，帮助弥补人们面部表情的不足，深受搞笑娱乐类短视频创作者的青睐，被很多人使用过。

↘ 2.5.3 剪辑配音

如果视频画面内容效果较为丰富，不需要人物出镜，就可以采用画面加旁白配音的视频形式。这种形式的创作门槛低，但对创作者的脚本撰写、素材丰富度、视频剪辑美感提出了较高的要求。

剪辑配音形式适用于新闻资讯类、娱乐新闻解读类、影视剪辑解说类、知识科普类等。例如，"四川观察"作为新闻资讯类的短视频账号，其内容基本上是由文字、音乐、视频组成的。还有一些影视剪辑解说类短视频账号，如"毒舌电影"等也采用这种形式。

2.6 短视频账号的主页设置定位

账号主页是短视频账号的门面，是短视频创作者身份的象征。用户在刷到感兴趣的内容时，往往会打开该账号的主页浏览相关信息，在短短的几秒内选择关注或者退出，因此短视频账号主页也需要装修一番。

↘ 2.6.1 设置账号名称

短视频账号的名称和我们的姓名一样，具有很高的辨识度。一个好的账号名称不但容易被记住，而且能传递有效的信息或美好的心理感受。因此，要想让自己的短视频账号脱颖而出，短视频创作者首先需要取一个响亮的账号名称，让账号更富有个性，更容易引起共鸣。短视频账号名称一般有以下3种命名法。

1. 直接命名法

这类账号一般会借用品牌名称、企业名称、个人姓名来命名，其优点在于给用户传达出一种自信、利落的风格；缺点在于容易被他人效仿。

这种命名法通常适合在行业有影响力或正在开辟影响力的企业账号，如"格力电器""小米手机"；品牌推广主体账号，如"花西子""支付宝"；具有一定影响力和威望的艺人，粉丝数量足够大的"网红"等。

2. "限定词+名称"命名法

这种命名法是短视频创作者较常使用的命名法，其优点在于能够简短地、一目了然地说明账号内容定位及IP定位；缺点在于账号名称较长，不容易被记住，同时如果限定词描述不准确、不全面，可能会影响用户的获取。

（1）行业/职业/地域+人名（企业名称），适用于品牌推广账号。此类账号名称可以让用户一眼就知道这个账号主体是谁、是干什么的，这样做能更好地定位目标人群，寻找到目标用户。

（2）账号内容定位/人设的形象形容+昵称，适用于"网红"个人人设打造的账号。

3. 奇特命名法

有些短视频创作者会使用微信、QQ、微博等个人社交账号名称来命名短视频账号名称，这种账号名称往往风格明显。

如果想要以个人或者自己的宠物为内容呈现主体，而这个账号名称又具有特殊含义，那么可以大胆使用，如前面提到的B站UP博主"空卡空卡空空卡"。

﹀ 2.6.2　选择账号头像

（1）设计醒目的、具有特色的品牌标志，适合作为知名品牌或者知名机构的账号的头像。例如"四川观察"在知名度变高后，其具有辨识度的头像引起了一系列模仿，如图2-5所示。

图2-5　"四川观察"账号头像引起模仿

（2）真人照片，适合作为真实人物出镜、人设明显的账号的头像。例如情侣故事、个人生活Vlog、喜欢发布才艺展示视频的博主等。

（3）卡通人物头像，适合作为主题视频账号的头像。例如，策划与篮球相关的主题视频，可以用篮球相关的动漫人物作为账号头像，达到内容与形式的统一。

2.6.3 编辑账号简介

账号简介一般分为个人介绍、视频内容和风格介绍、其他信息三个方面。这三个方面的内容需要分行展示。

1. 个人介绍

个人介绍可以是"我是××"的形式，也可以是"一个××的短视频创作者"的形式，如"我是打卡猫阿福""我爸比是新手刚来抖音"，如图2-6所示。

图2-6 抖音账号"阿福是只橘猫"的账号简介

2. 视频内容和风格介绍

短视频创作者可以用一两句话简单阐述该账号视频的内容和风格，拉近与用户的距离。例如"我会按时给你们打卡呦""希望我的贴脸视频能够点亮你一天的好心情"。

3. 其他信息

其他信息包括合作推广、给用户简短留言等，如"谢谢你的关注""商业合作邮箱：请备注品牌信息"。此外，在每一行介绍前面加一个表情，会显得更活泼、亲切。

2.7　短视频账号的定位步骤和技巧

在了解了短视频账号定位的方向以后，短视频创作者需要采用一些技巧，根据操作步骤进行实际策划。

ⅤⅠ 2.7.1　认识自己

定位的第一个关键步骤是认识自己。短视频创作者可以从时间逻辑上思考自己过去的资源，自己现在擅长的领域，自己未来可能感兴趣的方向。其应遵循的原则是选择垂直且广泛的内容，如做美妆领域，可以从口红做起。例如，"程十安an"最初深耕于美妆的某个细节的教学，在2020年年初发布的《定制专属完美眉形》合辑内包含6个短视频，获得800多万播放量，也给粉丝留下了讲解专业、细致的印象。她后来逐渐在穿搭、发型等领域发布教程，目前已经积累了2000多万粉丝，成为美妆领域的头部短视频创作者。

ⅤⅠ 2.7.2　细化定位的各个部分

定位的第二个关键步骤是细化前文提到的定位的各个部分。短视频定位公式：功能定位+IP定位+用户定位+内容定位+视频形式定位+账号主页设置，如表2-1所示。

表2-1　定位内容汇总表

功能定位	IP定位	用户定位		内容定位	视频形式定位	账号主页设置
品牌营销	模仿	用户画像		生活Vlog	真实人物出境	账号名称
展示自我	在熟悉的事物中营造陌生感			知识技能分享		
		用户需求	感官需求	搞笑娱乐	虚拟动画形象	账号头像
销售商品	不同元素碰撞营造反差感		信息需求	吃喝玩乐探店		
				情感解读	剪辑配音	账号简介
			情感共鸣需求	剧情类		

ⅤⅠ 2.7.3　持之以恒地输出优质内容

什么是优质内容？人们普遍认为，和电影一样，有美感、有深度的内容就是优质内容，但该标准对短视频来说并不适用。短视频具有短、平、快的特点，需要在几秒内抓住用户眼球，否则用户就会浏览下一条内容。短视频的优质内容的标准应当是能够引起共鸣，有趣味，有用。引起共鸣可以从选题、案例、观点、情感、价值观等方面入手；有趣则可以从呈现形式、文案等方面入手；有用是指能够提供有价值的内容，让用户有收藏短视频或者关注创作者的欲望。

持之以恒地输出也很重要。例如"牛丸安口"（2022年5月改名为"打丸哥官方旗舰店"）仅卖牛肉丸，就达到了1300万元的单月销售额。"牛丸安口"一年多就发布了

16万条短视频作品，平均每天300条，这种更新频率和持之以恒的毅力令很多人难以望其项背。

课后习题

1. 简述短视频定位的意义。
2. 根据所学知识，为自己的账号制定一个定位策划案。
3. 选择一个你喜欢的短视频账号，参考表2-1对其定位进行分析。

第三章
短视频内容运营

　　账号定位是短视频运营中一个比较重要的环节。如果你的账号定位在某一垂类细分领域，你就要详细研究这个领域，做好内容运营。从策划新颖的选题、搜集丰富的素材，到创作优质的内容、发布"秒赞"的标题和文案，短视频内容运营工作贯穿始终。内容运营是短视频运营的核心，好的内容运营可以大幅度提高短视频的点击率、增加短视频的点赞量、完播量、评论量等。

　　如今，短视频重新定义了内容的长度，激烈的短视频市场已经从增量时代走向存量时代。短视频创作者想要真正留存用户，依然需要坚守"内容为王"的理念。做好内容运营，才能抓住用户，使自己的短视频脱颖而出，传播得更远更久。那么，短视频创作者应该如何做好内容运营呢？

【学习目标】

- 了解短视频选题的基本类型、核心原则和搜集渠道
- 掌握打造爆款短视频的必备元素
- 掌握短视频文案的创作技巧和"万能公式"
- 了解爆款短视频应有的底线
- 掌握短视频脚本的作用、分类、写作要点及编写必备工具
- 了解短视频标题、发布文案的写作技巧与注意事项

3.1 短视频选题策划

短视频创作的第一步就是选题。做好选题策划后，基本上就已经确定了短视频的用户群体和内容基调。做好选题策划并不是一个轻松的事情，短视频创作者该如何解决每天的选题问题呢？

↘ 3.1.1 选题的基本类型

短视频选题可以分为常规选题、热点选题和系列选题三类。一个优秀的短视频账号都会涉及这三类选题，因为不同选题类型有不同的作用。

1. 常规选题

常规选题指依据视频账号定位而策划的选题，主要作用是强化人设，形成自己的个性化特色。短视频账号的选题大部分都是常规选题。例如，美食领域账号的常规选题就是分享美食的做法、吃法和测评美食产品；时尚领域账号的常规选题就是分享时尚单品、穿搭技巧等。常规选题可以吸引有这方面需求的目标用户，让用户觉得短视频创作者具有一定的专业性和权威性，从而产生信任感并持续关注。这一类型的选题，需要短视频创作者依靠日常的积累耕耘，搭建自己的素材库，保证日常的稳定更新。

2. 热点选题

热点选题是根据流行的话题、玩法等产生的选题，具有一定的偶发性，它的作用在于能够短时间内吸引流量，甚至让账号"一夜爆火"。例如，2022年4月下旬，取消"普职分流"的消息在网络上传播。某财经博主抓住这个热点，以此为选题，分析什么是"普职分流"，解读政策实施可能带来的影响。截至2022年5月7日，该账号因该选题获得的点赞量高达40.7万次。这类选题对时效性的要求比较高，在热点刚发生时就发布会带来可观的流量。当然，热点虽好，但也不宜乱"蹭"，短视频创作者需要思考热点与自己账号定位的结合点、相关性，才能脱颖而出。

3. 系列选题

系列选题好比期刊杂志的专栏、电视台的栏目，指在垂直领域内，策划的一系列成组成套的内容，该系列内容的主题、形式、风格、发布时间都比较固定。一些短视频创作者通过不断深挖粉丝群体的需求，产生系列选题。例如，"老爸测评"是一个专注于产品测评的账号，该账号将自己的选题细化拓展为"家居生活""老爸抽检""食为天""装修/甲醛""爸妈必看""美妆日化"等合集。它的作用在于通过一系列的短视频内容，不断丰富话题内容、挖掘话题的深度，增加用户黏性，让用户对即将生产的内容产生期待感。系列选题是需要时间沉淀和打磨的，质和量都非常关键。

↘ 3.1.2 选题的核心原则

了解选题类型后，应该如何选择短视频选题呢？有哪些需要注意的地方呢？在创作短视频的时候，不管短视频创作者做的是哪一个垂直领域的账号，在确定选题时都应该遵循以下几个原则。

1．以用户为导向

用户就是流量。短视频选题要有用户思维，不脱离用户群体，才能不断地获得流量。短视频创作者清楚账号的用户群体，了解用户的基本画像，结合用户的消费场景、兴趣爱好、需求痛点等确定选题视角，创作短视频。例如，一个服务于杭州本地生活的政务短视频账号，制作一条短视频来宣传外地的人才政策，其效果就不如分享当地人才政策的效果好。以母婴类的短视频账号为例，它们的目标用户就是宝妈群体，所以创作者经常以生活中常见的育儿问题作为自己的选题，如"宝宝不喝水怎么办？""幼儿园应该怎么选择？""孩子不想去幼儿园该怎么办"等，这些选题深深击中了用户的痛点，能够精准吸引目标用户，增强原有用户的黏性。

2．注重价值性

短视频在知识普及、价值共创上有不可替代的作用。在碎片化学习时代，越来越多的用户通过短视频获取生活常识、专业知识。简单来说，如果短视频创作者的选题有价值，能够满足用户的需求，解决用户的痛点，自然能使他们自发做出点赞、评论、转发等行为，持续关注账号。例如，B站UP主"罗翔说刑法"这个账号由中国政法大学教授开设，分享刑法方面的知识，内容涉及用户关注的隐私权问题、女性人身安全问题等，吸引了众多用户，截至2022年1月24日，该账号拥有2109万粉丝，获赞量达6194.2万次，还成为B站2020年度最高人气UP主、2021年度百大UP主。对于用户来说，其看到这些有价值的内容，当然会愿意停留。

3．学会追热点

热点是指一段时间内用户关注度高的话题。追热点能够使账号在短时期内获得流量曝光，对提高短视频播放量和增加短视频用户数等指标有很大的作用。因此，短视频创作者在确定选题的时候，应该多结合行业热点、时下流行玩法，善于捕捉热点，把握时机蹭热点来进行短视频创作。例如，2022年年年初，电视剧《开端》大火，"罗翔说刑法"账号及时发布短视频"高压锅恐惧症？《开端》中的法律问题"，从自身专业的角度讲解电视剧情节，在B站获得了651.5万的播放量。

4．保证垂直定位

选题要和短视频账号的定位有关联度、垂直度。抖音等短视频平台都有自己的算法系统，这个算法系统能够把短视频创作者的视频划分为某个品类并打上标签，再将短视频创作者的内容精准地投放给相应的目标用户。但是，如果一个美妆类账号分享美食类选题，就会让该算法系统很难精准识别其账号定位，从而影响精准流量推送。只有在选题上保证垂直定位，才能更好地塑造IP形象，吸引精准的用户群体，提升自己在垂直领域的影响力。

5．考虑选题可行性

现在短视频平台上的很多账号有强大的内容生产和运营团队，其选题需要耗费大量的人力、物力、财力。但大部分的短视频创作者，特别是新手短视频创作者是没有能力完成这类短视频选题的。因此，短视频创作者在选择选题的时候，要考虑可行性、拍摄成本、剪辑难度等方面，选择在现行条件下能够完成的选题。

6. 找到差异化

目前，短视频的各个赛道都已经比较饱和，竞争异常激烈，头部账号占据了大量的流量。作为初来乍到的短视频创作者，其作品如何在大量同质化的短视频中脱颖而出呢？这就需要短视频创作者在选题上找到一个独特的切入视角，通过这个视角呈现差异化的内容。在做选题的时候，短视频创作者一定要在选题角度上多花心思，努力探寻更多的可能性。

↘ 3.1.3　搜集选题的主要渠道

很多短视频创作者都会遇到灵感枯竭的情况，那么怎样才能快速找到选题，以保证持续输出优质内容呢？下面介绍几个搜集选题的主要渠道。

1. 收集用户反馈

用户在短视频评论区留下的评论、给短视频创作者发的私信、用户投稿等都是短视频选题的重要来源之一。一些短视频创作者常常在个人简介的位置邀请用户投稿，在视频中以"经常有粉丝在评论区聊××话题""有粉丝私信求助，想让大家帮忙支个招"这样的句式开题，然后引申出自己的观点或开始讲故事。例如，某摄影博主就曾经发布一条以收到一位母亲的私信，想让博主帮她的女儿拍照为由创作的短视频。这种方式能够加强用户与创作者之间的互动，在满足用户要求的同时，也能够不断给自己带来选题。

2. 挖掘日常生活经历

艺术来源于生活，生活处处是选题，于是业内涌现出了一批挖掘日常生活经历的账号。经过MCN机构包装，精心编排的剧本、人设，已经让用户感到审美疲劳，而这类账号发布的短视频充满生活气息，能够让用户联想到生活中的自己，反而深深打动了用户。例如，某房地产公司要求员工每天发视频，其员工"刘英杰"由于理解错意思，每天发吃饭视频却意外走红，18天涨粉超22万人。可以看出，像这样真实的内容是能够更好地打动用户的。也有一些情感类、励志类短视频创作者通过挖掘自己亲身经历的事情或者朋友的故事制作短视频，把自己遇到的事情、社会新闻事件等结合账号人设进行改编。

3. 根据热点找选题

做短视频要有感知热点、追踪热点的敏感度。每个热点背后都包含着巨大的流量，保持对热点事件的敏感度是每个短视频创作者必备的素质。短视频创作者可以通过以下渠道搜集热点。

① 微博热搜榜

微博的标语是"随时随地发现新鲜事"。微博是人们经常使用的社交媒体应用之一。很多热点是通过微博热搜榜传播开的。

② 抖音热榜

抖音是深受用户喜爱的短视频平台，如果人们想要知道抖音每天什么内容最火，就可以直接通过抖音热榜查询。在首页点击"查询"按钮，就可以在打开的页面中看到抖音热榜，查看一些近期比较热门的内容，以及各个内容当前的热度。

③ 百度热搜榜

百度热搜以数亿用户海量的真实数据为基础，通过专业的数据挖掘方法，计算关键词的热搜指数，旨在建立权威、全面、热门、时效高的各类关键词排行榜，引领热词阅读时代。

④ 知微事见

知微事见是互联网社会热点聚合平台，专注于热点事件、企业危机事件、营销事件的研究与分析，可以供用户查询近期舆论热度走势、舆论场排名、近30天热点事件等信息。

⑤ 抖音热点宝

抖音热点宝是抖音官方推出的热点分析型产品，基于全方位的抖音热点数据解读，助力短视频创作者更好地洞察热点趋势，参与热点内容创作，获取更多优质流量。抖音热点宝内含热点数据解读功能，展示热点实时数据、传播趋势。官方活动日历对外发布，可以让短视频创作者根据官方提供的热点提前创作内容；还能够根据活动城市和活动分类筛选热点，帮助短视频创作者获取更多优质、精准的流量。

3.2　打造爆款短视频

所有的短视频创作者都想拍出播放量破百万甚至破千万的爆款视频，但只有少数人能做到。打造爆款短视频并非易事，短视频创作者找到一个优质的选题后，还要挖掘用户的喜好，设置适当的角度、表现形式、情节等，进行内容多维度细化。

3.2.1　爆款短视频的必备元素

爆款短视频往往具有很强的传播性，能够引起用户的情绪波动。想要打造爆款短视频，必须要找到亮点。爆款短视频的必备元素有以下几个。

1. 笑点

搞笑类短视频是各大短视频平台都较受欢迎，用户希望在碎片化时间内得到放松，所以短视频要有笑点。即便是一些严肃内容、专业知识干货，短视频创作者也可以用偏于搞笑的方式进行表达演绎。

例如，"钟奇钟奇"是搞笑类短视频达人，他的视频内容大都以搞笑情景剧的形式进行呈现，浮夸的演技加上极具特色的语言吸引了众多用户。

2. 热点

短视频创作者应利用热点创作短视频，紧跟热点，密切关注平台上的热门事件、流行的玩法、吃法等。

3. 泪点

感人的视频、感人的故事往往更容易引起用户的共鸣，能够爆火。

例如，抖音账号"我和我的奶奶"发布过一条短视频，讲述小女孩的奶奶不让小女孩见爸爸，还把家里照片上爸爸的脸都剪掉，直到爸爸牺牲了，女孩才知道爸爸是个卧底。这条短视频用情感打动人，获得了高点赞量。

4. 爽点

还有一类视频能够激发用户的爽点，其内容往往是用户想做却没能做的事情，如跳伞等极限运动。这类视频的节奏通常很快，能够充分刺激用户的视觉和听觉。

例如，某博主发布泼水成冰的视频，给用户带来了极大的震撼，因此收获了近百万点赞量。

5. 共鸣点

短视频能够激发用户的感情，调动用户的情绪。短视频创作者要具备很强的共情能力，才能让生产的内容引起用户的共鸣。不论是开心的，还是伤心的，只要戳中用户的情感软肋，就会有关注。

例如，搞笑博主"钟奇钟奇"发布短视频《晚自习唠嗑时最尴尬的情况2》，通过夸张的表演重现学生时代的场景，给人很强的代入感，引起用户的情感共鸣，如图3-1所示。

图3-1 短视频《晚自习唠嗑时最尴尬的情况2》

6. 新奇点

人都有好奇心，会对未曾了解过的事物、新鲜玩法感到新奇，这种新奇能吸引他们继续看视频。

例如，某账号发布视频，介绍东北冻梨，对于大部分南方人来说，这是他们不了解的事物，因此会感到新奇，于是这条视频也获得了很高的点赞量，还有很多南方人在评论区表达自己对于冻梨的好奇等，如图3-2所示。

图3-2 某账号介绍东北冻梨

7. 知识点

视频能够传递有用信息，用户看了视频后能学到某个小技能或获取某个知识点。无论是生活常识还是专业知识，如一些美妆干货知识、财经类知识、生活小常识等，都能让用户有所收获。

例如，某财经账号发布视频介绍六万元怎么存银行可以获得更多利息，满足了用户的求知欲。

8. 美点

美点不仅指短视频出镜的人物要让人感觉赏心悦目，而且指画面构图、场景要呈现美感。更重要的是，要演绎美好的生活。这种短视频能够符合大众期待，从而进行正能量传播。

例如，"李子柒"账号发布的短视频中经常呈现美食和乡村美景，让人对农村美好的生活心生向往。

9. 讨论点

一些有争议的、有话题讨论度的内容能够激发用户在视频评论区对话题发起讨论，发表自己的观点。

例如，某职场博主发布视频，就年轻人应该先买房还是先买车的话题进行创作，戳中当下年轻人的痛点，引起了一定的关注和讨论，如图3-3所示。

图3-3　某职场博主发布话题性视频

10. 正能量

很多人把正能量称作"高级网感"。弘扬正能量，就是传播符合主流价值观、法律法规，传导积极乐观的生活态度。短视频创作者有能力、也有义务创作出优质短视频传播正能量，尤其是一些校园官方抖音号、政务短视频账号。

例如，抖音账号"中国人民公安大学"发布视频，谈青年理想，体现出大学生积极向上、爱好学习的精神风貌，如图3-4所示。

图3-4　"中国人民公安大学"发布相关视频

3.2.2　揭秘爆款短视频文案的创作技巧和"万能公式"

创作爆款短视频，内容结构很重要。在内容推荐算法之下，如何迅速抓住用户，吸引用户停留，是值得每个短视频创作者思考的问题。事实上，只要掌握了相关技巧，就能做好内容结构。本书将分享一些短视频文案的创作技巧和"万能公式"，教你创作出具有吸引力的爆款短视频。

1. 爆款文案的创作技巧

（1）开头的技巧

短视频的开头非常重要，因为短视频已经让用户养成了一种短、平、快的观念，短视频如果在短时间内不能引起用户的兴趣，就会被划走。短视频开头要有视觉冲击力，要在3秒内让用户知道这个短视频是做什么的，要激发他们的好奇心，或者告诉他们看这个短视频将会获得什么好处。很多短视频创作者在"黄金3秒"的内容上下足了功夫。常用的技巧有以下几种。

① 提问法

短视频创作者在短视频开头提出问题，如"你有没有好奇过，你是骨架大还是真的胖""知道你孩子未来有多高吗"，引发用户好奇心，吸引用户继续往下观看以得到答案。抖音知识类账号"叮叮冷知识"就经常在短视频前3秒使用高诱惑力的信息，以达到吸引用户注意力的效果。值得注意的是，与用户日常生活关联度较高的信息，更容易引起用户关注。

② 冲突法

这类短视频常常会制造一些冲突，吸引用户的注意力，这些冲突包括认知上的冲突、故事剧情人物之间的冲突等。例如，"当南方人娶了一个北方老婆""当南方人想在零下40多摄氏度的漠河吃冻梨"这两条信息中就包含一定的冲突，容易唤起用户的好奇心。

③ 价值前置法

有时候，短视频创作者会在短视频开始的时候提前展示价值，告诉用户看完可以得到什么，让用户产生期待。这类开头可以采用直接的方式进行表达，如"看完这条视频后，感觉整个人都舒爽了"。

④ 话题引入法

有一类短视频经常会以一个有争议性的话题、近期关注度较高的热门事件进行引入。例如，"直男财经"就发布一条讲解5年期LPR（贷款市场报价利率）下降的短视频，该短视频开头就是"家人们呐，重磅消息啊，房贷利率降了"，然后开始展开视频内容。这类短视频开头很容易让用户停留观看，因此想要写好这一类型的短视频文案，短视频创作者需要平时多搜集热门关键词，学会以合适的方式蹭热点。

⑤ 对话法

对话法指短视频创作者"打破"荧幕，直接和用户说话。例如，在短视频刚开始，短视频创作者对着屏幕说"如果你有孩子，请一定要看完这个视频""等一等，听我说完"，就是采用了对话法，通过打破用户的沉浸式观看达到吸引用户注意力的目的。

（2）中间的技巧

当一条短视频通过开头的"黄金3秒"留住用户后，短视频创作者接下来就要考虑如何确保用户不会中途"溜走"。只有持续不断地吸引用户的注意力，让他们一直从开头看到结尾，才能提高短视频的完播率。常用的技巧有以下几种。

① 设计反转

设计反转是很多爆款短视频常用的技巧。人设、剧情的反转，往往能产生意想不到的戏剧效果，给用户展现一个完全意想不到的结局，让用户由衷感叹。例如，常见的"变装"视频的前后反差会让用户感受到视觉的冲击。除了视觉上的冲击，剧情上的反转也能让用户收获刺激与快乐。

② 设置悬念

除了设计反转以外，设置悬念也是一种吸引用户的技巧。悬念能够支撑用户持续观看视频，直到答案揭晓。许多短视频在开头就会告诉用户"一定要看到最后""视频末尾有彩蛋"，让用户带着期待观看完整视频。

（3）结尾的技巧

创作短视频切忌虎头蛇尾，草草收场。短视频的结尾同样非常重要，它能够加深用户对短视频内容的理解，加强用户对人设的印象，从而激发用户做出评论、点赞、收藏、转发的行为。常用的技巧有以下几种。

① 金句法

金句是点睛之笔，在短视频结尾处引用金句可以让故事拥有灵魂，让结论得到升华，让故事被人记住。短视频创作者可以通过相关的文案网站，搜集一些电影台词、名人名言，开阔自己的思路。"我和我的奶奶"账号发布过一条短视频，讲述的是小女孩的父亲是一名中国警察，在执法过程中牺牲，警号被封存，短视频结尾的金句"中国警察，站着是一面旗帜，倒下是一座丰碑"让情绪上升到最高点。

② 引导法

引导法即短视频创作者在短视频结尾引导用户行为，如"快点个小心心收藏吧""你怎么看，欢迎在评论区留言"等。这类结尾比较常见，但要谨慎使用，以免被平台识别为骗赞、骗关注的行为，采取限流等处罚手段。

③ 记忆点

很多"大V"账号已经形成了自己的模板，有固定的结束语，这是它们打造个人独有的风格、加强辨识度的一种方式。例如，"小鹿吃杭州"经常以"关注小鹿，吃不迷路"结束视频，以形成记忆点，固化用户对账号的认知。

2. 爆款文案的"万能公式"

（1）公式一：问题+故事+观点/互动

某知识分享类账号发布过一条名为《我的班主任妈妈》的短视频，这条短视频在开头就抛出了一个问题："有一个做班主任的妈妈是什么体验"，通过设置悬念引起用户的兴趣；然后开始讲故事："我的妈妈肖老师是一名高中班主任。我小时候每天放学回到家，妈妈只有在吃晚饭的时候才能陪陪我。等我睡着了，她才下晚自习回家。我后来上了高中，妈妈在隔壁班教语文，我才知道她是个怎样的老师……"视频前半段讲述"我"缺少妈妈陪伴，后半段讲述妈妈作为班主任，关心班上学生，会为学生的家境感到心痛，也会被叛逆的男学生气到掉眼泪，形成反差。最后，该账号表达观点，升华情感："小时候我总觉得妈妈把爱都分给了学生，长大后我才理解了妈妈，她给了我生命，而学生赋予了妈妈生命的意义。只要拿起粉笔，她就是所有人的妈妈。"

类似的短视频文案还有很多，如"月薪3000元，在北京怎么生活？""你有容貌焦虑吗？"等。很多短视频创作者经常使用这个公式进行短视频创作，它有一个好处就是开头设置悬念，提出问题的时候只用一句话就能精准筛选出目标用户，还能吸引他们的注意力。结尾除了表达观点，还可以引导互动，如"你同意我的观点吗？欢迎在评论区留言"等。

（2）公式二：结果+证明+见解

房琪kiki发布过一条名为《毕业选择》的短视频。这条短视频在开头就告诉用户结果是什么。短视频开始，房琪kiki谈到"2016年，我考上了梦寐以求的中国传媒大学，但我却无奈放弃了"；接着开始解释自己的选择，并多次采用反转的技巧，为了考上中国传媒大学而复读，但最终落榜去了其他学校，大学毕业后被中国传媒大学录取，却因为一直在争取的工作机会而放弃，这种极具戏剧性的反转能够让用户的心情也随之跌宕起伏；最后，表达自己的见解："我们在学生时代做过很多选择题，但最难的那道不在卷子上，在人生里，而人生的选择题，是没有标准答案的。又是一年毕业季，不管你做了怎样的选择，比起一直回头想'如果'，不如专注地行驶在眼前这条路上吧。"

利用公式二创作的短视频是开门见山式的，让用户带着对短视频创作者行为的同意或反对继续往下看。最后，短视频创作者对自己的行为做一个升华，或者与用户互动。

（3）公式三：反差+问题+答案

某美妆账号发布的名为《爱豆同款雷打不动铁刘海》的短视频在开头就通过制造冲突，形成了强烈的反差，并提出问题，戳中了很多女生的痛点；接着总结出"铁刘海"定型法，并讲述了这个方法的具体步骤。

虽然这个视频只是介绍一种实用方法，却轻轻松松获得了超过26万的点赞量。和其他的视频相比，开头的冲突感、在揭晓答案环节的层次感都是它的制胜法宝，让人感受到内容的价值性。这个公式非常实用，几乎可以适用于各行各业。

↘ 3.2.3　爆款短视频应有的底线

在巨大流量和收益的诱惑下，有一部分短视频创作者娱乐大众，底线全无，严重影响了短视频平台的生态健康发展。国家广播电视总局在2022年1月11日发布公告称，自2021年10月以来，国家广播电视总局开展为期两个月的短视频节目和账号专项治理工作，持续清理违规账号38.39万个、违规短视频节目102.40万条。所以，短视频创作者必须学习和遵守平台的规则制度。

1. 禁止发布易引发人身安全风险的内容

作品中存在安全隐患，如剧情类短视频危险驾驶情节、美食博主暴饮暴食、制作改造易燃易爆品等行为，都会受到平台的违规处理。短视频创作者在创作时要避免发布具有人身安全风险的内容，注意短视频传递内容的安全性及引导性。

2. 禁止发布哗众取宠、恶意丑化等企图博眼球的不当行为

用浮夸、恶俗的装扮，传奇、悲情的故事过度博取关注，为自己引流等对用户造成不良导向的视频都会被视为违反公序良俗，受到平台处罚。短视频创作者应当培养责任感，为用户提供更多优质的内容，而不是通过哗众取宠的方式收割流量。

3. 禁止借助社会负面事件、敏感事件进行商业营销宣传

短视频创作者要合理、适当地蹭热点，不能没有底线地借助社会负面事件、敏感事件娱乐大众，进行营销宣传。

4. 禁止散播虚假、谣言等不实、误导性信息

网络谣言是扰乱社会秩序和网络秩序的一大公害。一些短视频创作者以科普的名义散播谣言，或者对人进行诋毁、侮辱、攻击，造成了严重的不良影响。如今，各大平台对于谣言的打击力度不断提高。各大平台鼓励创作科学、严谨的优质科普内容，短视频创作者也要提高自己的鉴别能力，不信谣、不传谣，让谣言止于智者，而不是利用谣言为自己引流。

5. 禁止在平台实施诈骗、传销、走私等违法犯罪行为

一些短视频创作者利用平台巨大流量实施诈骗、传销等违法犯罪行为。目前，各大平台正在不断加大反诈技术研究，联动警方持续打击网络诈骗行为，短视频创作者需遵守政策法规，维护平台生态健康发展。

6. 禁止发布刻意照搬、模仿他人创意和文案等行为

各大平台鼓励短视频创作者做真实的自己，不要设立虚假人设。但总有一些短视频创作者刻意照搬其他短视频创作者的文案，制造雷同的场景。刻意照搬会遭到用户举报及平台的相应处罚，因此，短视频创作者不应为了追求流量和热度而刻意照搬、模仿他人。这样做不仅不利于短视频创作者自身的成长，也是对原创者的不尊重。

3.3 短视频脚本编写

电视剧有剧本，主持人有台本，短视频也应有脚本。有人会充满疑惑：创作十几

秒的短视频，有必要编写脚本吗？正因为短视频时长短，才更加需要编写脚本，为精细化的拍摄和剪辑提供流程指导，让每一个场景、每一句台词都足够有表达力和吸引力。

3.3.1　短视频脚本及其作用

1．什么是短视频脚本

短视频脚本是拍摄短视频的框架和提纲，短视频创作者通过脚本把自己想说的内容、想拍的内容都罗列出来。所有表演人员、摄像人员、剪辑人员、服装道具工作人员都要服从脚本。

2．短视频脚本的作用

很多短视频创作者都曾经坦言，自己在短视频正式拍摄前需要打磨脚本。我们看到的大部分短视频都是有脚本的。对于短视频创作者而言，短视频脚本至关重要。

首先，短视频脚本能够提高短视频拍摄的效率。脚本的主要作用就是提前统筹安排好每一个人每一步要做的事情。短视频团队中的表演人员、摄像人员、剪辑人员、服装道具工作人员都要以脚本为工作依据，围绕脚本进行分工合作，了解拍摄主题和创作意图，从而减少沟通成本，更好地提高工作效率。如果没有脚本，随着拍摄的进行，表演人员会觉得台词不对，拍摄人员会觉得场景也不行，剪辑人员在剪辑的时候更是无从下手。

其次，短视频脚本方便修改、完善短视频。好的短视频要靠细节打动人，而细节是需要不断打磨的。在拍摄前可以通过修改脚本减少冗余的内容，明确主题，以呈现更好的视觉效果，引起用户的情感共鸣。

最后，短视频脚本有利于账号的垂直定位。一些有经验的短视频创作者已经形成了自己的脚本模板，每次在创作的时候，只需要根据自己的新需求和情境，增减内容即可。这种相对固化的脚本能提高账号的识别度、垂直度。

当然，短视频脚本的编排有它独特的美感和韵味。短视频创作者不能完全被脚本限制住自己的思维，要适当地流露自己的真情实感，记录生活百态。

3.3.2　短视频脚本的类型及写作要点

短视频脚本主要有三种类型，分别是提纲脚本、分镜头脚本和文学脚本。下面介绍这三种脚本的写作要点。

1．提纲脚本

提纲脚本主要用来记录短视频拍摄的要点，以提示各种拍摄内容，多用于拍摄一些纪实类的、无法预知具体情况的内容。例如，记录生活、街头采访、美食探店等。提纲脚本一般包括以下几个内容。

（1）主题阐述

主题阐述即用一句话清楚地表达该条短视频要拍什么。明确短视频拍摄的选题、立意和创作方向，可以让团队工作人员了解拍摄的初衷。

（2）视角阐述

视角就是表现事物的切入角度。切入角度与众不同，能够给用户耳目一新的感觉。

（3）体裁阐述

不同的体裁有不同的创作要求、创作手法、表现技巧和选材标准。

（4）风格调性阐述

该部分内容包括作品风格、画面和节奏，如作品风格是轻快还是沉重的，画面中的色调、构图、光线如何安排，节奏是快速还是缓慢等。

2. 分镜头脚本

分镜头脚本主要由镜号、拍摄技巧、景别、分镜头时长、镜头画面内容、声音、背景音乐等元素组成，如表3-1所示。分镜头脚本在短视频中的运用较为广泛，往往会将一个场景拆解为多个镜头，每一个镜头包含许多拍摄和制作上的细节，适用于拍摄故事性强的短视频，对表演人员和拍摄人员的要求相对较高。

表3-1　房琪kiki《西岭千秋雪》分镜头脚本

镜号	拍摄技巧	景别	分镜头时长	镜头画面内容	声音	背景音乐
1	缓慢推镜头	远景	0.75s	白雪皑皑，一座木屋被白雪覆盖，女生在雪地中向镜头走来	画外音：木屋	舒缓又欢快的音乐响起
2	固定镜头	远景	1s	傍晚时分，海天相接，海是紫色的，天是橙色的，天上还飘着跟海一样颜色的云	画外音：云海	
3	环绕镜头	全景	1s	一棵落满了白雪的树，树上的雪簌簌落下	画外音：落雪	
4	升镜头	近景	1.5s	女生在画面左下方开心地笑着，右上方是在远处天空缓缓移动的热气球	画外音：热气球	
5	移镜头	远景	1s	高空俯瞰，白雪中的一座座建筑尽收眼底	画外音：这里不是欧洲的	
6	旋转镜头	全景	1s	一个热气球正在雪山前缓缓上升	画外音：阿尔卑斯山脉	
7	固定镜头	全景	1.5s	木屋和缆车前，女生开心地伸出手接雪	画外音：这里，是成都的	
8	固定镜头	全景	1.5s	女生在雪地里向镜头奔跑而来	画外音：冬天	
9	固定镜头	近景	5s	女生手持镜头，对着镜头说话，背后是一座雪山和一片白雪	女生：杜甫笔下的"窗含西岭千秋雪"，说的就是这座西岭雪山	

续表

镜号	拍摄技巧	景别	分镜头时长	镜头画面内容	声音	背景音乐
10	固定镜头	远景	1s	高空俯瞰，两辆公交车行驶在穿过雪林中的公路上	画外音：从成都出发	
11	固定镜头	全景	1s	一辆红色的公交车从画面左边驶向右边	画外音：开车两小时	
12	固定镜头	中景	1.5s	女生在画面中间，坐在缆车里向左看，画面随着缆车移动	画外音：你就能坐着缆车	
13	固定镜头	近景	1s	女生在画面左边，在缆车里向右看，画面上方，一辆缆车正朝着山下滑去	画外音：去追逐云海	
14	向远拉镜头	全景	2s	红色的缆车正在有条不紊地运行中	画外音：穿梭在西岭的琼枝	
15	固定镜头	中景	1s	距离画面近的缆车正向左移动，而后面另一辆缆车向右移动，和前面的缆车交错移动	画外音：玉树间	音乐更加欢快
16	固定镜头	中景	3s	女生在画面中间，坐在缆车里对着镜头说话	女生：欢迎乘坐空中雪国列车	
17	固定镜头	中景	2s	女生站在窗户前，背对镜头，拉开白色的窗帘，窗外是一片雪山和几栋建筑	画外音：清晨起床拉开窗帘	
18	跟镜头	近景	1.5s	女生背对镜头，打开门，走出去	画外音：窗外的世界	
19	旋转镜头	远景	1.5s	高空俯瞰，白雪皑皑中有红色的建筑和落满了白雪的树林	画外音：已被落雪柔软地妆点	
20	由远及近推镜头	远景	2s	女生在木质观景台上拥抱太阳，太阳照耀着群山	画外音：攀登至山顶"3250"	
21	固定镜头	远景	1.5s	云海在不断流动	画外音：看一面云海翻涌	依然是欢快的音乐，但节奏渐渐舒缓
22	固定镜头	近景	1.5s	背景是群山轮廓，前景是女生背影的模糊剪影，女生慢慢转过身来，镜头慢慢聚焦到女生身上	画外音：一面山光如淀	
23	固定镜头	中景	1s	女生在落日余晖映照下的群山前抬起手来	画外音：这里是天地	

续表

镜号	拍摄技巧	景别	分镜头时长	镜头画面内容	声音	背景音乐
24	旋转镜头	远景	2.5s	高空俯瞰雪山，烟雾缭绕	画外音：都被一分为二的	依然是欢快的音乐，但节奏渐渐舒缓
25	由远及近推镜头	远景	1s	群山中间有一片白色的云雾	画外音：阴阳界	
26	向左移镜头	中景	1.5s	女生在一片树林中散步	画外音：去日月坪等日落	
27	固定镜头	近景	1s	落日前女生侧颜的剪影	画外音：余晖里	
28	向右移镜头	全景	1s	太阳即将落山，一棵光秃秃的树静静地立在余晖里	画外音：远眺大雪塘	
29	固定镜头	近景	2s	落日群山前女生的侧颜	画外音：那是5364米的	
30	向右移镜头	远景	1.5s	云雾缭绕的群山顶	画外音：成都之巅	
31	固定镜头	近景	5s	落日群山前女生转过头，对着镜头说话	女生：徐霞客也来过这里，不知道，他有没有看过这么美的晚霞	
32	固定镜头	近景	2s	女生伸出手接雪花	画外音：这座在成都街头	
33	向前移镜头	远景	1s	银装素裹的群山	画外音：也可以看到的雪山	由欢快音乐转为舒缓音乐
34	固定镜头	近景	2s	女生转过头来，落日的余晖映在女生身上	画外音：让我会偶尔晃了神	
35	向前移镜头	远景	1s	白雪覆盖的群山、树林和一条穿过树林的公路	画外音：这天阙般的纯白	
36	固定镜头	近景	1.5s	女生在一片屋顶满是白雪的红色建筑前转过头来	画外音：竟然	
37	淡出	远景	2s	大地银装素裹，远处雪山山脚下是一片红色建筑，一个热气球升在半空	画外音：是南国的冬天	

3．文学脚本

文学脚本是指由各种小说、故事改编而成的脚本，它比提纲脚本具体，但是不如分镜头脚本专业、详细。一般而言，文学脚本要规定好表演人员需要做的动作、说的台词、选用的镜头和节目时长。前面提到的分镜头脚本相对专业，只有导演、摄像、剪辑等专业人员才能看得懂，而文学脚本更多的是面向客户。一些对拍摄情节要求不高的短视频，如测评类视频、教学技能类视频等就可以使用这种脚本类型。想要写好文学脚本，短视频创作者需要注意以下几个步骤。

（1）主题定位

每个短视频背后都有创作者想要表达的主题，可能是生活感悟，也可能是梦想的珍贵。因此，首先要确定展现的主题是什么，然后再开始创作脚本。

（2）框架搭建

确定了主题，就要围绕主题开始搭建框架，即思考怎样通过一个故事展现这个主题。框架是骨干，短视频创作者要设计好故事脉络、角色关系等，然后根据这些开始创作故事。一个脚本如果没有框架，就聚焦不了主题，也没有了灵魂。

（3）人物设置

该部分需要确定有多少表演人员出镜，这些表演人员的身份和个性是怎样的，相互之间有什么关系，他们出现的时候有什么任务。

（4）场景设计

场景指的是故事发生的时间和地点，以及拍摄的环境。由于短视频具有短、平、快，制作成本低的特点，很多创作者采用虚拟搭建的场景或者特效丰富的场景进行剧情创作。越真实的场景越能让用户产生代入感，如"李子柒""张同学"作为"三农"短视频创作者，他们的视频都以农村作为拍摄场景，吸引了很多对农村生活感到好奇和愿意关注的用户。

（5）故事主线

故事主线就是贯穿整个故事的主要线索思路，即故事按照什么样的形式发展，趋势是怎样的。有主线的脚本文案才能指导短视频创作者拍摄出一个有灵魂的短视频。例如，抖音账号"我是田姥姥"的每个视频都以田姥姥为故事主角，令人捧腹大笑。

（6）影调应用

影调应用是指短视频创作者根据短视频中故事所需要的氛围和情绪，应用相应的影调。

（7）背景音乐

背景音乐在渲染气氛、调动情绪方面的作用显著，如欢快的场景要搭配轻松愉悦的背景音乐，悲伤的场景要搭配忧伤凄凉的背景音乐，选择符合主题的背景音乐可以增加用户的代入感。

3.3.3 短视频脚本编写必备工具

一部好的电影必然要有一个精心打磨的剧本，一条优质的短视频也是如此。短视频脚本能够提高拍摄的效率，使逻辑更加顺畅。短视频创作者在没有专业团队，也没有形成自己的风格时，怎样才能把脚本写得更快、更好呢？下面推荐几个短视频脚本编写必备的实用工具。

1. 海螺剧本编辑器

海螺剧本编辑器是海螺社为短视频、直播创作者量身定制的剧本编辑工具，它为创作者提供模板式的编辑体验，为创作者提供创意灵感方面的数据支持，方便创作者快速输出短视频、直播脚本。海螺剧本编辑器页面如图3-5所示。

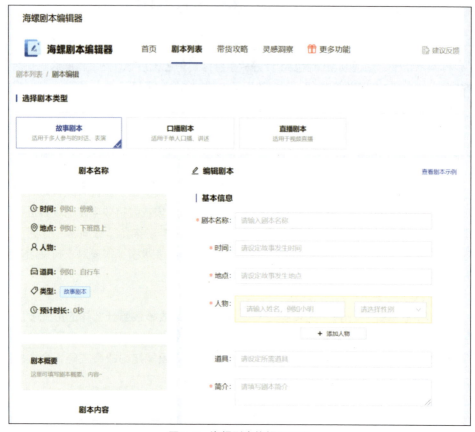

图3-5 海螺剧本编辑器页面

海螺剧本编辑器能够提供故事剧本、口播剧本、直播剧本等模板化的编辑工具，在短视频创作者输入时间、地点、人物、道具等基本信息后即可生成短视频脚本，让脚本创作效率更高；同时支持脚本加密、分享，让短视频创作、拍摄写作更流畅高效。此外，脚本创作结束后，短视频创作者还可以复制脚本文案进行违禁词检测，海螺剧本编辑器能够有效识别出各类场景中的违禁、广告等风险内容，确保账号的安全稳定。

2. 海马轻帆

海马轻帆是国内知名应用人工智能研究内容创作规律的数字化内容科技公司。它是一个人工智能剧本创作平台，结合了前沿算法研发能力和团队一线内容创作经验。海马轻帆能够智能创作剧本，提供智能化写作工具，如角色戏量统计、场次智能导航等；也提供创作灵感库、版权存证等辅助创作的功能，以提高创作效率。此外，其团队还利用机器学习对小说和剧本进行质量预测，在海量网络小说和剧本中筛选出文本质量更高、改编可能性更大的具有爆款属性的IP和剧本。针对短视频业务，海马轻帆开创了内容策划、开发服务等，可提供短剧（短视频）模板和订制服务，方便短视频创作者根据需求进行创作。海马轻帆页面如图3-6所示。

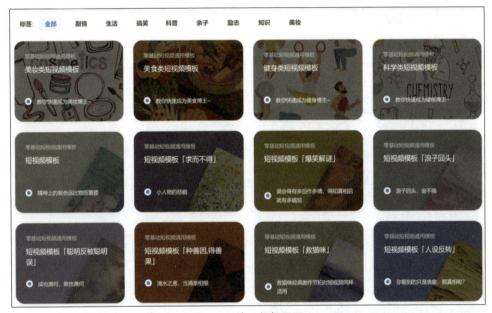

图3-6　海马轻帆页面

3．剪映的创作脚本

剪映5.8.0版本新增了视频创作工具——"创作脚本"，包括Vlog、旅行、好物分享、美食、纪念日、探店等多种类型。短视频创作者能自由选择自己感兴趣的视频脚本，可以看到该视频脚本的整体结构，也可以逐个观看每个分镜的台词和拍摄内容。短视频创作者选择使用某一该脚本后，系统就会自动生成一个可自定义的脚本，以便其轻松完成创作。剪映"创作脚本"选择页面如图3-7所示，剪映"创作脚本"编辑页面如图3-8所示。

4．巨量创意工具箱

巨量创意是字节跳动商业化官方营销创意交流服务平台，专注营销广告创意，创造客户价值。登录巨量创意，可以看到模板视频、AI配音、智能配乐等多种创意制作工具。其中，巨量创意工具箱中的脚本工具包括各种行业、各种类型的短视频脚本，尤其适合制作一些广告植入类短视频的脚本。

图3-7 剪映"创作脚本"选择页面　　　　图3-8 剪映"创作脚本"编辑页面

5. 华语编剧网

华语编剧网原名中国编剧网，是一个以编剧为中心的，集剧本创作学习、剧本交易、原创作品投稿及剧本保护等功能于一体的专业平台。华语编剧网不仅有电影剧本、电视剧剧本、网剧剧本，还增加了短视频剧本，尤其适合一些剧情类的短视频账号使用。

6. Vlog小站

Vlog小站是一个短视频运营学习交流社区，在这里短视频创作者可以随心所欲地交流与短视频有关的话题。该平台有很多短视频创作者分享的好用的短视频文案技巧，以及各种类型的长剧本、多人剧本、短剧本等素材。

7. 抖几句

抖几句是一款短视频剧本原创交易平台，汇聚了丰富的原创剧本创作者资源，专注于为"网红"IP、MCN机构及短视频营销企业提供剧本服务。该平台拥有近百万原创短视频剧本，包括搞笑反转类剧本、情感类剧本、亲子类剧本等，能够解决很多视频内容创作者脚本创作的难题。

3.4 短视频发布与推广

很多短视频创作者都存在一个思维误区，认为自己只要把短视频内容做好就行，文案只能起到辅助作用。但是很多时候，一个吸睛的标题、一句金句就可以让一条短视频爆火。想要让制作好的短视频成为爆款，短视频创作者还要在发布前进行进一步"包装"推广。标题、发布文案都是推广的重要元素，它们会在很大程度上影响用户点击和观看。

↘ 3.4.1 短视频标题

"题好文一半"，一个好的标题可以吸引用户点击短视频，让短视频有更大的概率被平台推荐，从而带来流量。怎样才能写出好的短视频标题呢？下面介绍几个拟定短视频标题的技巧。

1. 提问法

提问法就是用"如何""怎样""怎么办"等问句式的标题激起用户的好奇心。此类标题同时也带有一点求助的意味，能增加账号与用户的互动性，拉近两者的距离。

案例：《工作两三年还在打杂怎么办》《如何高效阅读一本书》。

2. 数字法

数字既直观、清晰，也不缺乏冲击力和说服力，能够更好地展示短视频内容的亮点。相比文字，数字信息更容易触发用户的潜意识，让用户忍不住点击。

案例：《5部让你想谈恋爱的电影》《教你4个海边拍照技巧》《零基础转行运营必做的3件事》。

3. 热点法

热点是在一段时间内人们讨论度较高的事情。使用热点法撰写的短视频标题往往可以在短时间之内吸引很大的流量。使用热点法时，短视频创作者一定要在标题中加入热点信息，不要过于隐晦。

案例：《国庆怎么玩不踩雷》。

4. 悬念法

悬念法就是短视频创作者通过在标题中制造悬念，让用户产生强烈想要知道后续和故事发展趋势的欲望，引导他们思考并观看短视频，从短视频内容里寻找答案，从而增加短视频的浏览量和提高短视频的完播率。

案例：《在厦门，有这样一个地方》《这些厉害的运营网站，肯定有你不知道的》《想跟你们说的话在这里……》。

5. 时间法

时间法与数字法有异曲同工之妙，但不完全一样。含有时间信息的标题，更容易使用户产生联想和情感，而且不同的时间信息会让用户产生不同的情绪。例如，表示过去的时间信息，会让用户产生怀旧的情绪，从而产生强烈的好奇心；最新发生的消息，能够拉近短视频和用户的心理距离，从而使用户产生急切求知的心理。还有一种时间延续型标题，告诉用户该账号的某几条短视频是有时间延续性的，引导用户点击主页看其他的短视频，非常适合持续有相同类型内容输出的短视频账号。

案例：《2018年的那个夏天》《7天让你学会Excel》。

6. 反差法

这类标题中会包含两个意思完全相反的词汇，通过制造一种强烈的冲突来激起用户的好奇心，从而点击观看短视频。

案例：《小个子如何穿出一米八的既视感》《她只学习课程12天，却赚回了十倍学费》。

7. 设问法

这类标题通过设问，使用"有没有""是否"这样的句式，让用户回想起自己相似的经历，从而产生共鸣并参与互动。往往这样的短视频的点赞量、互动数都会很高，用户会留下自己认同的观点或故事。

案例：《吃席的时候你有没有干过这些事》《当你换头像后爸妈的反应》。

8. 代入法

这类标题在体现自己的社会角色、地域等信息的时候，能够直接锁定目标群体，用户会快速把自己定位到这些群体中，从而点击短视频。

案例：《北京接地气美食系列》《探店新手必须关注的10个宝藏账号》《东北爸爸的家庭地位》。

↘ 3.4.2 短视频发布文案技巧

短视频发布文案就是我们在即将发布短视频的时候，填写的关于短视频的描述文案，它是对短视频内容的概括性描述。好的发布文案会吸引用户观看完短视频，提高短视频的完播率，甚至可以促使用户点赞、评论、互动。下面介绍几种写作短视频发布文案的技巧。

1. 情感金句类文案

想要让自己的短视频成为爆款，就一定要让用户产生共鸣。一些关于亲情、爱情、友情的文案，或者正能量鼓励的话语、表达失望的金句文案等，都能很好地调动用户的情绪，甚至能引起他们对于这个话题的讨论，如图3-9所示。

图3-9 情感金句类文案相关短视频

2. 悬念式文案

这类文案通常是说一半留一半，让用户十分好奇接下来到底会发生什么事情，一般用"一定要看到最后""最后那个笑死我了"这样的句式带给用户更多遐想的空间，提高短视频的完播率，如图3-10所示。

图3-10 悬念式文案相关短视频

3. 互动型文案

这类文案大多使用提问和反问的形式，引导用户转发、评论、点赞。例如，"还记得你的第一份工资用来买什么了吗？"等，如图3-11所示。

图3-11　互动式文案相关短视频

4. 开门见山式文案

这类文案一般会直接写明主题或亮点，用户单看文字就能获知短视频表达的主旨，如图3-12所示。

图3-12　开门见山式文案相关短视频

5. 紧迫型文案

这类文案的特点在于，它能指出用户的痛点或爽点，告诉他们这个短视频可以帮助他们解决哪些问题或者给他们带来多少利益，促使用户点击短视频，如"孩子沉迷玩手机？4句话让他放下""你的短视频播放量还没过千？赶紧学会这3种方法"。

6. 简单叙述类文案

这类文案像讲故事一样娓娓道来，能表达好短视频的5W要素，即Who（何人）、

What（何事）、When（何时）、Where（何地）、Why（何故）。这类文案应更加直白、生动、立体，尽可能将故事可视化，让用户产生画面感、场景感，如图3-13所示。

图3-13　简单叙事类文案相关短视频

7. 标签文案

很多的短视频发布文案后面会加上标签#或者@好友，这么做的目的是什么呢？这是因为短视频发布文案先要经过机器审核，再通过人工审核。以抖音平台为例，机器审核的标准就是抖音的标签，它可以帮助系统描述和分类内容，便于检索以及分发给具有相同标签的人。如果短视频创作者主动贴上标签，并且足够多且精准，那获得平台精准推荐的概率就会更高，就更容易上热门。此外，很多人在发短视频时都喜欢@抖音小助手或者@我要上热门等，因为这样就有机会被抖音小助手选中，上热门。

↘ 3.4.3　短视频发布文案雷区

做短视频必须了解平台规则是怎么样的。平台内部的算法审核机制和人工审核会根据短视频的发布文案进行推流、限流，所以在短视频发布文案上，创作者需要多花一些心思。下面介绍一些短视频发布文案的注意事项。

1. 非常规用词

对于一些生僻词和网络词语，机器根本就无法识别和分类，因此会导致平台给该短视频匹配的准确率大大降低。

2. 字数问题

短视频发布文案的字数要适中，不宜过长，尽量控制在10～20字，以便用户一看就能理解。由于用户停留的时间是有限的，字数过多会影响视觉体验，用户无法马上知道短视频的核心内容，可能就划走了。此外，在没有升级App版本的情况下，过长的文案内容会因为版本过低而自动折叠隐藏。

3. 骗赞骗互动行为

很多短视频的内容质量较差，没有核心内容，只是通过发布文案骗赞、骗关注，这类短视频会受到平台的违规处罚。

4. 禁用词汇

近年来，平台内部的审核机制更加严格，每一次的版本升级都会更新禁用词汇。例如，禁止使用一切疑似欺骗用户的词汇、严禁使用诱导消费的词汇、严禁使用敏感词汇等，这些词汇被称为"限流词汇"，会影响短视频的曝光和推送。因此，短视频创作者可以事先登录创作者服务中心了解社区公约，使用违禁词查询系统过滤违禁词，修改成合规的发布文案。

课后习题

1. 简述短视频选题的基本类型和核心原则。
2. 简述搜集短视频选题的重要渠道。
3. 简述打造爆款短视频的必备元素。
4. 一个短视频创作者在进行短视频内容策划时应遵守哪些原则？
5. 自行拟定一个选题方向，选择使用一个脚本工具拍摄短视频，为短视频设计脚本提纲、文案，以及标题、发布文案。

第 四 章
短视频拍摄与剪辑

如果将短视频创作比喻成美食烹饪，我们现在还停留在食材准备和菜谱安排阶段，接下来还需要挑选合适的灶具、烹饪以及完成后面的装盘工作，而这一阶段对应至短视频创作便是拍摄与剪辑阶段，即如何把优质短视频选题一一落地，并对内容进行后期润色，以产生更好的传播效果。接下来我们将进入短视频实操阶段，从景别、构图、拍摄角度、光线运用、运镜、剪辑流程和工具选择等方面进一步学习短视频的拍摄与剪辑。

【学习目标】

- 了解常用的短视频拍摄设备和辅助工具
- 了解短视频拍摄常用的构图方法和运镜方法
- 了解短视频后期剪辑遵循的基本原则和基本流程
- 了解短视频后期剪辑常用的专业剪辑软件

4.1 短视频的拍摄

短视频通过镜头语言表达内容，让用户一目了然。制作短视频前期必须学会挑选合适的工具，这也是一名短视频创作者的必修课。一般来说，短视频拍摄会用到拍摄设备、灯光设备和一些辅助器材等，不同的短视频创作者应根据不同的脚本选择不同的设备。下面就介绍这些内容。

4.1.1 常用的短视频拍摄设备

1. 智能手机

短视频创作者在大多数情况下会采用智能手机搭配手持云台（见图4-1）进行短视频拍摄。智能手机对于初步入门的短视频创作者来说，通常是个节省成本和时间的优质拍摄设备。随着科学技术的发展，现在的智能手机已经具备了非常强大的功能，甚至可以使短视频制作一步到位，短视频创作者完成拍摄后，再用App进行后期剪辑、调色等工作。

图4-1 智能手机搭配手持云台

2. 微单相机

微单相机在拍摄视频方面的优点比较明显，如质量轻、体积小，易携带。很多微单相机有机身防抖功能，还可以像单反相机一样更换镜头，并提供和单反相机同样的画质。下面推荐几款微单相机。

（1）松下GH5S

松下的GH系列是为拍摄视频专门设计的机型。松下GH5S（见图4-2）可以拍摄C4K画面（4096像素×2160像素），并且可以不间断拍摄；还采用了双原生ISO技术，通过在增益处理之前根据灵敏度选择最佳电路来尽量降低噪点。

（2）索尼A6400

索尼A6400（见图4-3）是一款针对视频拍摄优化的产品，画面清晰，满足了短视频拍摄的需求；同时索尼微单相机的镜头规格十分丰富，可以拍摄更加多样的画面类型。

图4-2　松下GH5S

图4-3　索尼A6400

3. 单反相机

当短视频拍摄团队比较成熟之后可以选择使用单反相机。单反相机的优点在于画质高清且功能强大；但不太方便携带，体积一般比较大，如图4-4和图4-5所示。

图4-4　佳能单反相机

图4-5　适马单反相机

↘ 4.1.2　常用的短视频拍摄辅助工具

1. 灯光设备

摄影是光影的艺术。打光会在很大程度上影响表达内容，短视频的打光虽然不如电影打光那样复杂，但作为短视频拍摄中必不可少的要素，短视频创作者需要对其有一定的了解。

（1）主灯：主要光源灯，起照明作用，是离人物最近的灯，主要负责打亮人物。

（2）辅灯：比主灯亮度小的灯。其作用是控制光比（光比指光照强度的比例），辅助明暗的对比，可以勾勒人物线条轮廓，或者补偿暗部细节。

（3）轮廓光：一般是逆光，其作用是修饰轮廓，增强画面的层次感和空间感，如图4-6所示，轮廓光强度可强于主光，也可弱于主光，一般多用于拍摄"变装"短视频。

（4）便携补光灯：拍外景时使用，一般是长方形状态，便于携带，整体轻盈，如图4-7所示。

59

图4-6 逆光拍摄人物　　　　图4-7 便携补光灯

2. 三脚架

三脚架是一种常用的辅助性设备，用来稳定相机，如图4-8所示，可以保持拍摄时的稳定，防止抖动。

图4-8 三脚架

3. 手机稳定器

手机稳定器能保持画面的平稳丝滑，使人能更好地欣赏画面和内容。稳定器还有各种各样的拍摄模式，帮助拍摄者轻松拍出多样的画面。陈可辛导演的《三分钟》微电影中就使用了手机稳定器，如图4-9所示。

图4-9 手机稳定器

选购稳定器可以通过稳定器品牌官网找到适配清单。稳定器厂商在研发推出一款稳定器后，都会说明与之匹配的拍摄设备的型号和镜头，如图4-10所示。

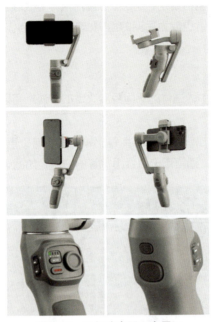

图4-10 手机稳定器配套展示

4. 滑轨

借助滑轨可以拍摄动态的视频效果。一般使用单反相机拍摄短视频时，可以选用长度为60～80厘米的滑轨。

4.2 短视频视听语言

视听语言就是一种利用视听刺激的合理安排向受众传播某种信息的感性语言，包括影像、声音、剪辑等方面内容。语言，必然有语法，这便是我们所熟知的各种镜头调度的方法和各种音乐运用的技巧。视听语言包括狭义的视听语言和广义的视听语言。狭义的视听语言，就是镜头与镜头之间的组合；广义的视听语言，还包含了镜头里表现的内容——人物、行为、环境甚至对白，即电影的剧作结构，又称蒙太奇思维。在广义层面，所有的影视作品都是由视听语言书写而成的文章，只是这文章不再仅仅存在于白纸上而是用可视化的方式呈现。

短视频的视听语言包括镜头与镜头之间的组合，以及镜头里表现的内容等。由于短视频时长一般较短，拍摄内容和场景都不会过于复杂，因此交代背景也无法面面俱到。例如由于短视频的时长短，因此画面节奏会较快，短视频通常以开门见山或者提出疑问的形式开头，内容的设计上也需要一开始就能抓住人们的视线，并且使用花字、表情包等元素为画面增添色彩，再搭配上合适的音乐与音效，从而吸引更多的人并形成传播。画面的基础视听元素主要包括景别、构图、拍摄角度、光线运用、运镜等，新手通过学习迅速掌握视听基础知识，也能为后期的剪辑做好铺垫，创作出具有良好传播价值的优秀作品。

↘ 4.2.1 景别

景别是由镜头与画面中的主体的不同距离决定的，通常有以下几种。

1. 远景

远景拍摄时，镜头距离画面较远，视野比较开阔，可以展示出主体的全貌，但是主体在画面中所占比例很小，通常用于风景山水等的拍摄，如图4-11所示。

图4-11 远景

2. 全景

全景可以简单理解为主体全身出镜，画面宽阔，镜头离主体更近一点，如图4-12所示。

图4-12 全景

3．中景

中景中的主体所占的面积更大一些，以人物为例，通常要表现出成年人的膝盖及以上部分。中景画面中还有其他元素，人物头部留有空间，如图4-13所示。

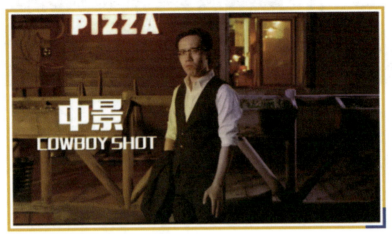

图4-13　中景

4．近景

近景主体占画面较大部分，主体的细节更加清晰。以人物为例，一般是腰部以上位置和表情在镜头内表现得很清楚。近景画面内主体突出，如图4-14所示。

图4-14　近景

5．特写

特写中的画面细节十分显著。当以人物为主体时，人物的举止表情都一览无余，如图4-15所示；当以物体为主体时，物体的细节也能给人特殊的视觉感受，如图4-16所示。

图4-15　人物特写镜头　　　　　　图4-16　花朵特写镜头

↘ 4.2.2　构图

拍摄短视频时，优秀的构图可以使画面整体更加协调，更具美感，让人们更有兴趣看下去。

1. 中心构图

中心构图是指将主体放置在相机或者手机的画面中央进行拍摄，从而使主体突出，可以让观众一目了然，而且画面上下、左右平衡。中心构图也比较容易掌握，适用范围广泛。需要注意的是，采用中心构图时应避免出现凌乱的背景，如图4-17所示。

图4-17　中心构图示例

2. 三分线构图

三分线构图又称九宫格构图、井字格构图，用两条竖线和两条横线将画面平均分割，如图4-18所示。

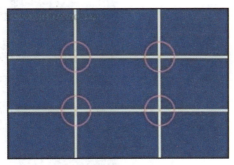

图4-18 三分线构图图解

将主体放置在三分线构图中的4条分割线的交叉点附近，可以更好地突出主题，使画面更加协调，如图4-19所示。三分线构图的原理在于，人们的目光总是自然地落在画面三分之二的位置上。如果将主体置于这些位置，那么拍摄出来的画面紧凑有力，而且不会枯燥乏味。

图4-19 三分线构图示例

3. 黄金分割构图

黄金分割构图的基本理论来自黄金分割比例，即1：1.618。在摄影构图中有很多的表达方式能活用黄金分割比例，其中以黄金螺旋和黄金九宫格较为常见。

（1）黄金螺旋

黄金螺旋是指将每个正方形上的对角点连接起来形成的螺旋路径，如图4-20和图4-21所示。

（2）黄金九宫格

黄金九宫格与三分线构图十分相似，但是三分线构图是将画面宽度分为1：1：1的三等分，而黄金九宫格则是以1：0.618：1的比例对画面宽度进行切割，中间更窄一些，如图4-22和图4-23所示。

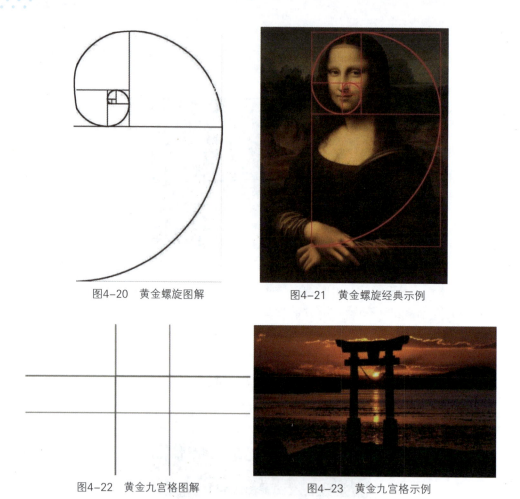

图4-20 黄金螺旋图解 　　　　图4-21 黄金螺旋经典示例

图4-22 黄金九宫格图解 　　　　图4-23 黄金九宫格示例

↘ 4.2.3 拍摄角度

　　不同的拍摄角度可以表现出不同的意境。常见的拍摄角度有以下几种，如图4-24所示。

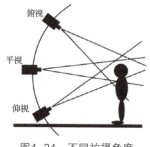

图4-24 不同拍摄角度

1. 平视

在平视拍摄角度下，镜头与主体处在同一水平线上，接近于人眼的观察习惯，画面比较对称，因此拍摄出的画面会显得有些枯燥乏味，如图4-25所示。

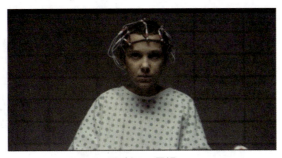

图4-25　平视

2. 仰视

在仰视拍摄角度下，镜头向上抬，主体位置明显高于镜头位置，拍摄出来的主体显得高大、突出，纵深感很强烈，如图4-26所示。

图4-26　仰视

3. 俯视

在俯视拍摄角度下，镜头位置高于主体位置，镜头向下落，可以展现出场景的广阔，如图4-27所示。

图4-27　俯视

↘ 4.2.4　光线运用

1. 顺光

顺光拍摄时，光源投射方向与拍摄方向基本一致，主体直接暴露在光线下，表面光线比较均衡，没有明显的光影变化，画面立体感较弱，如图4-28和图4-29所示。

顺光

图4-28　顺光拍摄机位　　　　　　图4-29　顺光拍摄示例

2. 侧光

从侧面照射主体的光被称为侧光。光源摆放在主体侧面，光源投射方向与拍摄方向呈现出一个大于45°的夹角。侧光拍摄时，画面的明暗对比十分清晰，并在主体上形成强烈的阴影，画面颇具立体感和深度，如图4-30和图4-31所示。

侧光

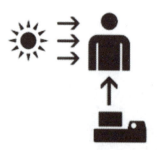

图4-30　侧光拍摄机位　　　　　　图4-31　侧光拍摄示例

3. 逆光

从后面照射主体的光被称为逆光。光源位于主体背面，投射方向与拍摄方向相对，因此，受光面与背光面呈现明暗反差，画面内曝光不足，但是逆光可以增强画面的氛围感和冲击力。逆光拍摄时，拍摄者通过调节曝光补偿，增强或减弱曝光，可以获得理想的画面效果，如图4-32和图4-33所示。

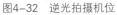
图4-32　逆光拍摄机位

图4-33　逆光拍摄示例

4. 顶光

从主体头部照射主体的光被称为顶光。顶光拍摄时要避免人物出镜，这是因为顶光下的人物会呈现一种诡异状态，额头、鼻头发光，眼窝、鼻子下方处于阴影之中，十分奇怪。拍摄物体时，可以尝试顺着光线的角度，垂直向上拍摄，使顶光成为逆光，如图4-34所示。

图4-34　逆光拍摄示例

5. 自然光

自然光的照射方向和强弱在一天中的不同时刻都在变化，如正午的自然光很强烈，天空容易发白，阴影也更加细密，要小心控制曝光，如图4-35和图4-36所示。傍晚的自然光相对柔和细腻，色温接近日光，偏橙黄，阴影边缘比较模糊，如图4-37所示。

图4-35 自然光示例1

图4-36 自然光示例2

图4-37 自然光示例3

6. 冷暖光

通常情况下，色温小于3300K的光称为暖光，色温在5300K以上的光称为冷光。暖光给人温暖舒适的感觉，冷光使人精力集中，如图4-38所示。拍摄时，可以通过调节白平衡控制色温；后期剪辑时，可以通过调色来改变色温。拍摄时，可以借助色彩的对比突出画面的冲突感，如图4-39和图4-40所示。

暖光   冷光

图4-38 暖光和冷光展示图

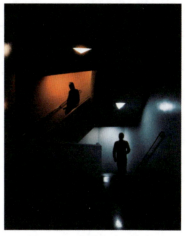

图4-39 冷暖光巧妙融合　　　　图4-40 冷暖光对比清晰

4.2.5 运镜

运镜是指镜头的运动。运镜轨迹不同，带来的视觉效果也不同。下面介绍几种常见的运镜技巧。

1. 推拉镜头

推拉镜头是拍摄中经常使用的运镜技巧。推镜头是指在画面主体位置不变的情况下，镜头由远及近，不断接近画面主体的拍摄方式。拉镜头与推镜头相反，是指画面主体位置保持不变，镜头由近及远，不断远离画面主体的拍摄方式。推镜头主要用于制造悬念或者突出细节，拉镜头可以用来表达画面主体所处的环境。

2. 摇镜头

摇镜头是指保持拍摄设备的位置不变，拍摄者借助三脚架上的活动底盘或以自身做支点，进行上下或左右摇摆拍摄的拍摄方式。使用摇镜头进行拍摄时摇摄全景，上下、左右等旋转拍摄，展现出动态的画面。

摇镜头的作用：展现画面及空间维度，突破画面构造的空间局限性；展现人物与人物之间的联系，人物、事件中的因果关系；展现人物所在的空间位置。

在电影中，摇镜头的使用也相当普遍，可以用来展现周围环境情况、人物的运动轨迹、人物空间中的位置关系、人物的视线变化，甚至可以展现人物的内心感受、心理变化。

（1）摇镜头可以代表人物的眼睛，看到周围的一切事物。

（2）在运用摇镜头时可以利用"摇"这一动作在起幅、落幅中画面的构图变化，形成创作者个人的理想效果。

3. 移镜头

移镜头是指拍摄设备沿水平面向任意方向移动拍摄的拍摄方式，如当人物走动时，拍摄设备跟着移动，使场景时刻在变化。移镜头分为横向运动与纵深运动（推拉）。

移镜头的作用：与摇镜头相似，同样可以表现主体在空间上的位置变化，但是更注重空间中的细节变化；根据人物的运动一起运动，展现人物视点的变化；方便转场。

使用移镜头拍摄时，很容易抖动，通常会借助稳定器。它与摇镜头的区别在于，使用移镜头拍摄时，拍摄设备的拍摄角度不变，但位置改变；而使用摇镜头拍摄时，拍摄设备的位置不变，但拍摄角度改变。

4. 跟镜头

跟镜头是指跟随主体运动拍摄的镜头，由主体进行视觉引导。某种程度上来说，跟镜头与移镜头相似，但是跟镜头必须跟随主体运动，而移镜头甚至推拉镜头和摇镜头都可以没有主体，当主体存在时也可以不运动。跟镜头的作用如下。

（1）正跟镜头：展示主体的神情及心理变化，渲染情绪、营造氛围。

（2）侧跟镜头：展现人物的位置变化和空间关系，可以连贯地展示出更多画面元素。

（3）后跟镜头：从人物身后进行拍摄，强调主体的运动状态。

5. 甩镜头

甩镜头是指镜头从一个主体甩向另一个主体，是一种在场景变换时不露剪辑痕迹的拍摄方式，有一种极速之感，使画面更有爆发力。

6. 升降镜头

升降镜头包括升镜头和降镜头，是一种借助升降装置的拍摄方式，使画面在扩展和收缩之间跳跃。升镜头可以表现出空间的广阔，如图4-41所示；降镜头多用于拍摄大场面，营造气势，如图4-42所示。

图4-41　升镜头截取　　　　　　　　图4-42　降镜头截取

4.3　短视频的后期剪辑

剪辑是为内容服务的。剪辑就好比写作。在写作中，字经过排列组合成一个句子，句子继而排列组合成一个段落，同时注重其中的内在逻辑与框架，直至变成一个完整的故事。同理，剪辑就是利用镜头语言进行视频"写作"，由帧画面组成一段视频，再由视频组成一个视频序列，依靠视频内容阐述中心思想。

在剪辑过程中，素材的繁杂往往使人难以选择，因此短视频创作者在创作内容前就应该写好分镜头脚本，或者在脑海中形成一个怎么拍摄的雏形。这样可以减少后期剪辑的压力，也可以加快前期拍摄的进度、减少前期拍摄的成本。那么，准备好脚本和拍摄素材后，如何通过有逻辑、流畅的镜头语言进行叙事，达到短视频创作者的预期效果呢？

◥ 4.3.1　后期剪辑的基本原则

所有的剪辑都应为内容服务，通过好的视听语言进行叙事，可以更好地展现主题、表达中心思想。在自媒体时代，策划、拍摄、剪辑可以由一人独立完成，主题在拍摄前期就应明确，这样才能使后期剪辑更好地服务主题。

1. 画面

短视频后期剪辑应当遵循黄金3秒原则，因为短视频时长较短，又要从海量的短视频中脱颖而出，迅速引起观众的注意。画面的前三秒应当展现整个短视频中较精彩的部分，从而达到引人入胜的效果。画面前三秒可以参考以下几种方法展示内容。

（1）在短视频开头中多设置疑问句或者反问句，使用"提出疑问—解答疑问"的结构进行叙事，这也是文学写作的常用手法。

（2）开门见山。开头即点题，让观众立刻知道短视频想要表达的内容，尤其适合教学类短视频的创作。

（3）迅速入戏。抛去铺垫，直入正题，加快短视频节奏，带动观众情绪，如"话不多说，快上车"。

（4）个人特色的开头。利用非常有趣或者朗朗上口的个人介绍作为开头，让观众从对人感兴趣转到对短视频感兴趣，但是要注意开头与视频整体的协调性。

2. 节奏

短视频的叙事结构与长视频不同，短视频由于时长较短以及更加碎片化，因此需要在短时间内抓住观众眼球，开门见山，高潮前置。在传统的剪辑思维中，长视频更加讲究平铺直叙，在中间插入高潮。短视频由于需要在短时间内吸引观众的注意力，所以必须加快节奏且在短时间内制造冲突，以营造反差。例如抖音上盛行的"变装"视频，就是利用节奏和反差来博取眼球，给人惊艳之感。

3. 元素

短视频中的元素包括表情包、花字、字幕等。如果对其进行合理的利用，往往可以产生非同寻常的效果，让短视频画面更加生动有趣。需要注意的是，形式永远为内容服务，表情包与花字不要用太多，如果使用不当，可能会让观众产生眼花缭乱之感。画面杂乱、重点缺失，就无法达到有效传播的目的。

4. 记忆点

记忆点的塑造是难点，也是重点。一个富有记忆点的短视频能让人迅速记住并形成病毒式传播，扩大传播速度，也可以使账号迅速被区分。记忆点的打造可以是一句话、一个声音，也可以是一个表情、一个动作。记忆点看似简单，只占据了短视频几秒的时间，效果却十分明显。值得注意的是，记忆点必须不断重复，让人记住，使人看到短视频就能知道来源，看到账号就可以想到短视频内容。如果不知道怎样塑造记忆点，可以从台词、音效、表情、动作等入手，从中选出既符合个人特色又与众不同的一点，使其重复出现，直到被人记住。

↘ 4.3.2 后期剪辑的基本流程

1. 镜头组接

镜头组接是指将两个或者多个镜头组接在一起后达到单个镜头存在时所不具有的特殊含义，从而使其具有意义，即镜头在进行组接后得到了相乘的效果，我们称之为蒙太奇。蒙太奇可以分为叙事蒙太奇、表现蒙太奇与理性蒙太奇。

（1）叙事蒙太奇

叙事蒙太奇可以分为连续蒙太奇、平行蒙太奇、交叉蒙太奇、重复蒙太奇四类。它主要用于交代情节、展示事件，按照时间发展的流程、因果关系分切组合镜头，从而引导观众理解剧情。

① 连续蒙太奇沿着单一的情节线索，按照事件的逻辑顺序，有节奏地连续叙事。例如《花样年华》中苏丽珍买面，镜头叙事为下楼梯—等面—面好了—取面—转身走—上楼梯的过程。

② 平行蒙太奇将两条以上的情节线索并行表现、分别叙述，最后统一在一个完整的情节结构中，或将两个以上事件相互穿插表现，揭示一个统一的主题或者情节。平行蒙太奇的表现形式可以采用依次分叙或者交替分叙的方式，几条情节线索可以同时同地、同时异地或者在不同时空里进行。

③ 交叉蒙太奇是指同一时间内的两条或者两条以上情节线索齐头并进、交替频繁，最终汇合在一起。例如《花样年华》中在同一时间内周慕云搬家与苏丽珍搬家事件交替出现，需要出现因果关系使两个事件发生交叉，最终的交叉点是周慕云还书。交叉蒙太奇的节奏一般比平行蒙太奇快一点。

④ 重复蒙太奇是指代表一定寓意的镜头或场面乃至各种元素在关键时刻一再出现，形成强调、对比、呼应、渲染等艺术效果，加深观众的印象。

（2）表现蒙太奇

表现蒙太奇包括对比蒙太奇、隐喻蒙太奇、心理蒙太奇、抒情蒙太奇，主要目的是运用多个叙事镜头的组合，产生单个镜头本身不具备的内涵。它可以用于表现某种情绪、思想，给观众造成心理上的冲击，激发观众的想象力。

① 对比蒙太奇，通过镜头间形式或者内容的对比、互相强调，来表现创作者的寓

意，可以是景别、光线、色彩的对比，也可以是生活差距的对比。

② 隐喻蒙太奇，通过镜头组接将不同的形象并列展示，用象征或者隐喻激发观众的想象力，从而使其体会镜头所要展现的情感。例如《霸王别姬》中利用一条金鱼游动的镜头表现程蝶衣那时颓废的心理状态。

③ 心理蒙太奇，通过镜头的组接或者声画的结合展现人物的精神世界或者精神状态，如梦境、回忆、幻觉等。例如《唐伯虎点秋香》里唐伯虎捡风筝时的幻想。

④ 抒情蒙太奇，通过镜头的衔接或者镜头中各元素的组合，在保证叙事和描写连贯的同时升华主题，通常使用空镜头进行组接，使用语文写作中的寄情于景来表达，最终将情感升华。

（3）理性蒙太奇

理性蒙太奇分为杂耍蒙太奇、反射蒙太奇、思想蒙太奇。它与表现蒙太奇有所相似但又有所不同，区别在于它所使用的镜头衔接与叙事主题相关。例如《霸王别姬》中以表现蒙太奇中的颓靡用其戏院内的金鱼镜头表现，而在理性蒙太奇中，用一个破茧成蝶的镜头表现主角的重生。

发展到现在，蒙太奇远不止以上这些手法，很多创作者在制作混剪类视频或者鬼畜等视频时会使用蒙太奇的手法，使短视频具有不同的意义。随着观众媒介素养的提高以及对社交媒体理解的加深，蒙太奇的手法也变得更加宽泛。

2. 转场方式

转场是场景和场景之间的过渡，其目的是让镜头过渡更加自然。转场方式通常分为无技巧转场和技巧性转场。无技巧转场是用镜头自然过渡来连接上下两段内容，主要适用于蒙太奇镜头段落之间的转换和镜头之间的转换。技巧性转场主要通过后期特效来实现。这里主要介绍无技巧转场。

（1）主观镜头转场

主观镜头转场是指跟随人物的视线，拍摄其所看到的景物，这样就完成了场景的转换。例如前一个镜头是人物转头向后看，后一个镜头接转身之后其所看到的景物。

（2）空镜头转场

空镜头是指一些没有人物入画的镜头，用于渲染气氛。空镜头转场可以使上下两个情绪差别较大或者反差较大的镜头顺利过渡。例如电视剧中通常会用天色作为空镜头转场引出紧张的气氛，如图4-43所示。

（3）声音转场

声音转场在短视频中的应用尤其广泛，是指利用不同的声音配合不同的画面实现转场。例如抖音很火的"百万转场变身"，如图4-44和图4-45所示，在急促的音乐响起后，改变场景。一般常见的声音转场有J-cut和L-cut。J-cut是指声音先入，再进画面，可以理解为当声音出现的时候，观众会产生疑问——哪里发出的声音？之后出现的画面可以解答观众的这个疑问。L-cut是指画面结束，声音未完。这两种方式都是常见的剪辑手法。

图4-43　空镜头转场

图4-44　变身前　　　　　　　图4-45　变身后

（4）特写镜头转场

特写镜头转场就是用特写镜头转接上一个镜头。特写镜头转场可以被视作一个万能的转场，因为在镜头与镜头的过渡、场景的变化中，特写镜头是一个体现信息量较少的镜头，因此，在特写镜头前后，不管是从远景、中景、近景转场至特写镜头，还是从特写镜头转场至远景、中景、近景，在这个过程中人眼所接受的信息量会发生变化，即缩小或者放大，这种对比能够唤起观众注意。除此之外，特写镜头能展现出一种人们日常生活中难以用肉眼发现的新鲜景观，突出局部细节画面，被人们称为"视觉的重音"。例如在女主弹钢琴场景中，由手部特写镜头转场至信息量更多的远景镜头，如图4-46所示。

图4-46 特写镜头转场

（5）遮挡镜头转场

遮挡镜头转场是指在上一个镜头的结尾，用手或者其他物品遮挡住镜头后，下一个镜头的场景在遮挡物拿开后发生了转换。值得注意的是，遮挡镜头转场被视作特写镜头转场的一个部分，如当人物走近时，人物就会变成镜头前的一个遮挡物。这也是导演在前期拍摄中会给出的剪辑点，这种遮挡物可以被视作一个信息量极少的特写，再来到下个镜头切换场景，一般都不会突兀，如图4-47所示。

图4-47 遮挡镜头转场

（6）动接动

动接动有两种情况，一种是运动镜头接运动镜头，如横移接横移，前推接前推，这些运动镜头的组接不会突兀，并且会营造出一种视觉奇观，自然过渡空间以及场景；另一种是人物的动势接动势，如对于一场打架的戏，我们会利用不同的景别进行拍摄，在保证动作连贯性的基础上进行重新组接，或者把人物的一个动作拆解成不同的场景，同时在保证动作连贯性的基础上进行场景的变换。

（7）相似物体转场

相似物体转场就是将形状相似的物体组接在一起进行转场，会产生一种视觉效果。

例如圆接圆，方接方。

3. 短视频的声音

短视频的声音一般由音效、背景音乐、同期声、配音四部分组成。常见的短视频以抖音为例，由于时长较短，因此通常是由一个背景音乐直铺到底，通过音乐的节奏进行卡点剪辑，让画面具有戏剧性、反转性，给观众带来惊艳之感或者用于渲染情绪。例如在情绪类短视频中，添加悲伤抒情的音乐可以使观众动情，从而渲染气氛。也有一些短视频会添加两个音乐，但需要对这两个音乐做剪辑处理以完成情绪化的表达。同期声和配音一般为剧情类短视频服务，更加富有叙事性；合理地利用音效往往可以达到不一样的节目效果，如在搞笑类短视频中插入"笑声"音效，往往是一个常见的表现手法，或者在现场的收音不理想的情况下添加音效，可以使画面传递的感觉更加真实。因此，对于视频的声音，我们可以遵循以下三个原则。

① 背景音乐节奏与画面节奏相吻合。例如，音乐高潮响起的时候，画面也应当更加具有动感和冲击力。

② 声音一定要和两个画面切换的时间点相吻合。

③ 在画面结束时，声音也结束。

↘ 4.3.3 使用Premiere软件进行剪辑

Premiere是当前市面上使用率较高的专业剪辑软件，简称Pr，如图4-48所示，非常适合从事影视制作相关的从业者使用，并且难度系数较低，从业者熟悉其基本操作后就可以完成大部分短视频的剪辑工作。下面以Premiere Pro 2020版软件进行讲解。

图4-48　Premiere图标

1. 新建项目

启动Premiere Pro 2020后，页面会自动跳转至首页，如图4-49所示。

图4-49　Premiere Pro 2020首页

单击【新建项目】按钮，打开【新建项目】对话框，如图4-50所示，按照"日期

+主题"的形式修改名称，方便后续查找与修改。同时还可以根据需要更改项目保存位置，单击【浏览】按钮，在打开的对话框中选择保存位置。

　　修改【名称】及【位置】后，单击【确定】按钮，进入Premiere的操作界面。

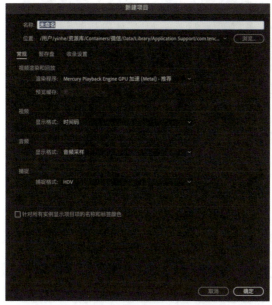

图4-50　【新建项目】对话框

2. 新建序列

　　图4-51所示为Premiere的工作界面，可分为上下左右四个区域，分别为【源窗口】【节目窗口】【项目面板】【时间轴面板】。

图4-51　Premiere工作界面

79

若要新建序列，则有两种方法。

第一种方法是执行菜单命令【文件】-【新建】-【序列】，如图4-52所示。

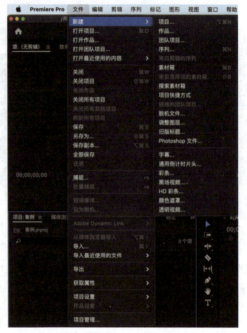

图4-52　新建序列

在弹出的【新建序列】对话框中设置所需序列的参数，通常来说，直接选择默认参数即可，单击【确定】按钮，如图4-53所示。

图4-53　设置序列参数

第二种方法是直接导入短视频素材，根据素材的格式自动匹配序列的格式。一般采用第二种方法的情况较多。

3. 调整工作面板

在短视频剪辑开始之前，可以通过调整工作面板来实现更高效地创作。Primiere工作面板的调整通常有两种方法。

第一种方法是单击软件最上方的菜单栏中的【窗口】菜单，在弹出的下拉列表中，选择自己所需要的面板，如图4-54所示。

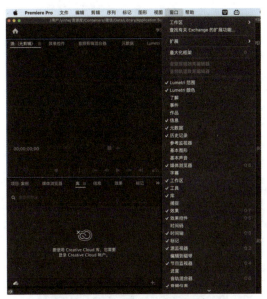

图4-54　调整工作面板

第二种方法是关闭自己不需要的面板。以关闭【Lumetri范围】面板为例，将鼠标移至该面板标题位置，单击鼠标右键，则会出现图4-55所示的列表，单击【关闭面板】选项即可。

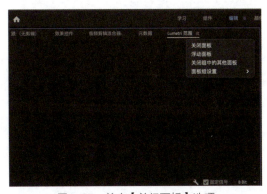

图4-55　单击【关闭面板】选项

此外，也可以自由移动已经打开的面板。仍以【Lumetri范围】面板为例，在该面板标题处按住鼠标左键不放，将其拖拽至想要移动的位置即可。

4. 导入与编辑短视频素材

（1）导入短视频素材

导入短视频素材的方法有三种。

第一种方法是单击菜单栏中的【文件】菜单，在弹出的下拉列表中选择【导入】选项，即可导入原始的短视频拍摄素材，如图4-56所示。

图4-56 从【文件】菜单导入短视频素材

第二种方法是在【项目】面板中的【导入媒体以开始】位置单击鼠标右键，在弹出的列表中选择【导入】选项，也可以导入短视频拍摄素材，如图4-57所示。

图4-57 从【项目】面板导入短视频拍摄素材

第三种方法和第二种方法类似，但是操作路径不同，需要先打开短视频所在的文件夹，选择短视频拍摄素材并将其拖入图4-57所示的【导入媒体以开始】位置，即可导入短视频拍摄素材。

（2）编辑短视频素材

将所需要的素材全部导入【项目】面板后，即可开始进行具体的剪辑操作。

选择要剪辑的素材，将其从【项目】面板拖动至【时间轴】面板，在【时间轴】面板中完成剪辑。其中，在剪辑中运用较多的就是【工具栏】，即图4-58所示的矩形区域。

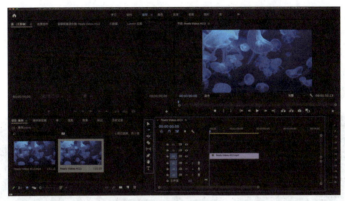

图4-58　工具栏

在工具栏中，从上到下分别是"选择工具"▶、"向前选择轨道工具"➡、"波纹编辑工具"➡、"剃刀工具"◆、"外滑工具"➡、"钢笔工具"✎、"手形工具"✋和"文字工具"Ｔ。其中，常用的是"选择工具"▶、"向前选择轨道工具"➡及"剃刀工具"◆。

创作者在进行短视频创作时，首先需要选出素材中合适的片段，利用"剃刀工具"◆将素材进行分割，将素材分割成两段后，利用"选择工具"▶选择需要删除的素材片段，按下"Delete"键直接删除素材片段。若删除的素材片段位于所选择的素材中间，就可以通过单击"选择工具"▶将后一段素材拖动至与上一段素材的结尾处，如图4-59和图4-60所示。

图4-59　拖动素材前

图4-60　拖动素材后

当创作者选择的素材较多时，删除前面一段素材后，后方还剩几段素材需要与前方素材接轨，如图4-61所示。通过"选择工具"逐个地进行拖动非常不方便，这时候就可以用"向前选择轨道工具" ，再单击后一段素材，就可以选中该素材及其后方的所有素材，长按鼠标左键就可以进行同步拖动，如图4-62所示。

图4-61　多段素材

图4-62　使用"向前选择轨道工具"同时拖动素材

5. 导出短视频

将所需的素材拼接好后就可以导出短视频了。常见的操作是使用【标记入点】按钮和【标记出点】按钮，在素材上标记要输出短视频的入点和出点，即可输出短视频的开头和结尾。标记出入点后的短视频素材如图4-63所示，灰色部分即为输出部分。

图4-63　标记出入点后的短视频素材

确定所需内容后，单击上方菜单栏中的【文件】菜单，在下拉列表中选择【导出】—【媒体】命令，如图4-64所示。

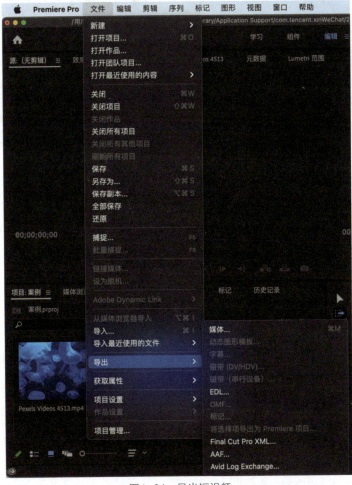

图4-64　导出短视频

随后对列表中的短视频格式进行设置，打开【导出设置】对话框，设置【格式】为"H.264"、【预设】为"匹配源-高比特率"，选中【使用最高渲染质量】复选框，同时检查短视频的宽度和高度是否正确，选择输出名称和保存位置，如图4-65所示。确认完毕后即可单击【导出】按钮。

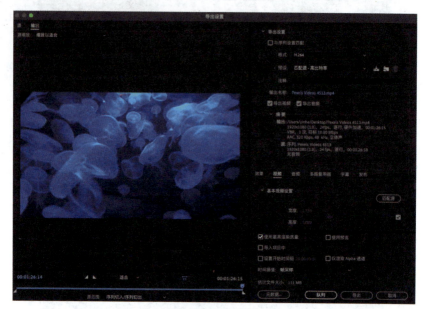

图4-65 确认导出

6. 常用组合键介绍

组合键的使用能够大大提高剪辑效率，为了让创作者能够更高效地进行短视频创作，下面简单介绍Primiere常见组合键。

利用"Ctrl+N"组合键，迅速打开【新建序列】对话框。利用"V"键进行短视频素材的选择，对应"选择工具" ▶ 。利用"C"键对应"剃刀工具" ◆ ，用来分割短视频。按下"Delete"键，可以删除多余素材。利用"Ctrl+C"组合键，可以复制所需素材。利用"Ctrl+V"组合键，可以将所需素材粘贴至所需位置。利用【历史记录】命令撤回上一步的步骤通常比较麻烦，利用"Ctrl+Z"组合键可以快速返回上一步。当素材剪辑完毕后，可以利用"I"键标记输出短视频入点，利用"O"键标记输出短视频出点。利用"Ctrl+M"组合键，可以完成短视频的导出。

常见组合键整理：

Ctrl+N："新建序列"

V："选择工具"

C："剃刀工具"

A："向前选择轨道工具"

T："文字工具"

Ctrl+C：复制素材

Ctrl+V：粘贴素材

Ctrl+Z：撤销

I：标记入点

O：标记出点

Ctrl+M：导出

课后习题

1. 拍摄短视频常用的设备都有哪些？假设你要拍摄一条短视频，你认为需要提前准备哪些东西？

2. 常用的短视频的构图方法有哪些？

3. 请用手机或相机分别进行顺光拍摄、逆光拍摄、顶光拍摄、自然光拍摄。

4. 简述短视频常用的转场方式及其特点。

5. 常用的视频剪辑软件有哪些？尝试自己拍摄并剪辑一个短视频。

第五章

短视频引流推广

　　短视频的内容固然很重要，但在新媒体时代下，短视频的用户运营、引流和推广技巧更是一个账号成功的关键。仅有好的内容却不会运营用户、不懂如何涨粉引流，很难获得长期流量、持续性发展，只能看着别人享受流量的红利，而自己优秀的作品却无人问津。究其根本，短视频用户运营的目标就是要快速吸引用户的注意力，利用搞笑、猎奇、学习等心理调动用户的情绪，以达到为自己引流、涨粉的目的。

【学习目标】

- ● 掌握短视频引流的方式
- ● 掌握增强粉丝黏性的技巧
- ● 掌握构建多平台账号矩阵、单平台账号矩阵的技巧
- ● 掌握使用DOU+和作品推广的操作步骤

5.1　短视频引流

运营短视频首先要了解如何为短视频引流，一般包括添加话题标签、添加@好友、添加地理位置、私信引流、多平台分发、参加挑战赛等方式。

5.1.1　添加话题标签

添加话题标签是快手、抖音和小红书平台常用的引流方式，用户可以通过搜索话题和关键词，找到相关的内容。通过添加话题标签引流的关键就是要选择合适的话题。合适的话题标签可以很好地为短视频引流，提高短视频的曝光率。例如关于减脂餐的短视频就要添加关于健身、瘦身等话题的标签；关于考研学习计划的短视频就要添加与考研等话题相关的标签。那么如何添加话题标签呢？一般有两种方式。一种是从热门的内容中选择话题，即找到热搜榜上的内容，选择其中的话题再查看相应的短视频并拍摄。这种方式可以使自己的短视频获得较高的曝光量。另一种是从别人的短视频中选择需要的话题标签，即可根据话题详情内容进行拍摄。

5.1.2　添加@好友

添加@好友也是一种有效的短视频引流方式，可以在两个账号之间建立联系。当用户搜索一个账号时，另一个账号也会出现在搜索结果中，达到绑定推广的目的。其一般有以下几种情况。

一是创作者在发布短视频时@其他"大V"或粉丝数较大的账号，与其形成互动，不仅可以吸引对方账号的粉丝观看自己的短视频，也可以为对方账号推广引流。例如"张同学"在某条短视频中@中国长安网，建立了互动关系，有效地为自己的短视频推广引流。

二是创作者如果已有粉丝数较大的账号，想要发展其他账号形成账号矩阵的话，可以在大号发布短视频时@小号，原来大号的粉丝看到短视频后也会自然而然地关注小号，这也是一种比较有效的为创作者小号引流的方式，如图5-1所示。

三是@抖音小助手。"抖音小助手"是抖音的官方账号，专门用来评选抖音精品内容，创作者@抖音小助手就有机会被其看到并评上精选，从而提高自己短视频的曝光度和增加自己短视频的播放量，如图5-2所示。

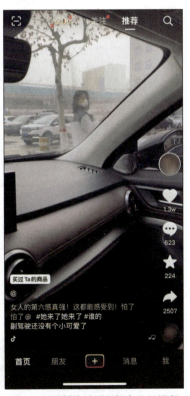

图5-1　某抖音账号@好友的短视频

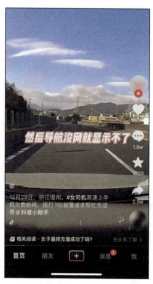

图5-2 某抖音账号@抖音小助手的视频

↘ 5.1.3 添加地理位置

由于短视频平台有基于定位功能的同城栏目，用户能够在开启定位的状态下在"同城"中刷到距离自己较近的其他用户发表的短视频作品。地理位置上的接近能让用户产生亲切感，因此，短视频创作者可在发布作品时添加地理位置，拉近与其他用户的距离，从而吸引对方关注。例如"张同学"的短视频作品经常会添加地理位置，不仅符合自身内容的地域风格，还能拉近与其他用户的距离感，如图5-3和图5-4所示。

图5-3 "张同学"抖音账号添加地理位置的短视频　　图5-4 "张同学"抖音账号添加地理
位置的视频评论区

↘ 5.1.4　私信引流

私信引流是一种比较精准的引流方式。当短视频创作者发布了相关的商品推广视频后，有一些对商品或内容感兴趣的用户就会主动在评论区或者通过私信寻求联系方式，如图5-5所示，这时短视频创作者就可以利用私信回复社交平台的联系方式，将用户引到社交平台上，如图5-6所示。由于私信引流是具有需求的用户主动联系短视频创作者的，因此这种方式的精准度较高。需要注意的是，一个账号发太多私信，很容易被封号，为了不被封号，短视频创作者可以多准备几个账号。短视频创作者还要准备好回复的话术，一定要多准备一些，分开发送，否则重复太多，也会被封号。

图5-5　小红书账号通过私信引流的评论区

图5-6　小红书账号的私信界面

↘ 5.1.5　多平台分发

短视频创作者要想让自己的短视频被更多的用户看到，就要在短视频平台之外的其他平台同步分发短视频作品，从而扩大短视频的传播范围，让那些没有关注短视频平台的用户也可以看到自己的作品。多平台分发一般可以选择抖音、快手、小红书、微博、微信群、今日头条等。短视频创作者不仅要在主打短视频的抖音、快手、小红书等平台上发布作品，还要重视微信、微博等社交平台。微信朋友圈具有独一无二的优势，它是用户每天都要翻阅的地方，社交属性强、互动性强、可信度较高，可以形成大规模的二次传播。此外，微信群也可以助力短视频的推广，因为群内用户大多都是基于相同的兴趣爱好或目的而集结在一起的。短视频创作者将大家感兴趣的短视频发布在微信群中，既能够让短视频被更多人看到，形成裂变传播，也能够掀起微信群用户的讨论，对提高短视频的浏览量起到良好的作用。微博具有用户基数大、互动性强的特点，微博的热门话题和热搜是一个热点发酵的好地方。短视频创作者在微博上发布短视频，可以借助与短视频相关的话题，添加"#"话题标签，同时发布自己的看法，从而提高微博的阅读量和短视频的曝光率。

↘ 5.1.6 参加挑战赛

短视频创作者想要提高自己的曝光率，推广自己的短视频以吸引新用户关注，就要积极参加平台的挑战赛。以抖音为例，抖音挑战赛是一种通过"强话题"的引导，积极与用户互动，从而助力品牌传播的营销方式，可以实现品牌营销价值最大化。抖音挑战赛作为抖音独家开发的商业化产品，结合抖音开屏、信息流、红人、热搜、站内私信、定制化贴纸等商业化流量入口资源，尽可能提高短视频创作者的作品曝光率和实现商业变现。短视频创作者可以参加与自己所属类目垂直或符合自身人设风格的挑战赛，进一步为自己的账号引流。

那么如何参加抖音挑战赛呢？有以下两种方式。

第一种：打开抖音App，点击右上角的放大镜，在抖音搜索界面下方点击"查看完整热点榜"超链接，如图5-7所示；打开抖音热榜界面，然后点击"挑战榜"选项，就能看到全部的挑战赛，确定想要参加的挑战赛后，点击右侧的"立即参与"按钮即可，如图5-8所示。

图5-7 抖音搜索界面

图5-8 抖音挑战榜界面

　　第二种：关注"抖音小助手"官方账号，该账号会定期推送挑战赛信息。这些挑战赛通常情况下都有大量的用户观看和参与，因此参加这些挑战赛的短视频就能获得较高的点击率和曝光率，如图5-9所示。

图5-9　抖音账号"抖音小助手"主页

5.2　短视频粉丝运营

　　对于短视频创作者而言，粉丝比一般用户更具有黏性、信任度更高，关系着账号的长远发展。短视频创作者将用户转变为粉丝后，要稳固粉丝，与粉丝形成良性互动。因此，在短视频运营中，粉丝运营是相当重要的一个部分。

↘ 5.2.1　保持稳定的更新频率

　　如何吸引粉丝、留住粉丝，让粉丝形成良好的观看习惯很重要。而短视频创作者保持稳定的更新频率是粉丝形成观看习惯、增强粉丝黏性的必备技能之一。

　　（1）最好保持每日更新的频率，至少要做到两日一更。现在自媒体发展迅速，每天各个平台上发出的短视频数量庞大，更新迭代速度快，如果短视频创作者较长时间不更新内容，就很容易被粉丝遗忘，或被其他短视频创作者替代，最终在激烈的竞争中被淘汰。每日更新既可以保持账号的活跃度，又可以吸引粉丝，使他们形成观看视频的习惯，满足粉丝的期待。

（2）除了要保持更新的频率，还要有一个固定的更新时间，如每天下午5点更新，这也是为了让粉丝有所期待，形成好的观看习惯，从而增强粉丝黏性。那么如何把握好更新的时间点呢？短视频创作者可以根据不同类型的短视频账号和粉丝定位选择发布短视频的时间，如某个短视频账号的粉丝多是职场女性，职场女性白天上班没有空余时间刷短视频，该短视频账号可以选择在午饭时间或者晚上的某一时间段更新视频，这时她们就有多余的时间选择刷短视频放松心情。美食类账号一般会选择午饭、晚饭或者深夜时间发布短视频，因为粉丝会在这些时间点更多地关注美食类的内容。

5.2.2 做好评论互动

吸引到新粉丝后，短视频创作者还要在如何留住粉丝上下功夫，不断增加与粉丝的互动，将其转化为自己的忠实粉丝。短视频创作者要想留住粉丝，就要积极与粉丝进行互动，创造粉丝的归属感和互动感，从而拉近彼此的距离，增强粉丝黏性。

短视频创作者回复评论时要注意以下几点。

1. 及时回复评论区的留言

随着时间的流逝，粉丝的期待会慢慢降低，短视频创作者及时回复评论区的留言能提升粉丝的好感度。从粉丝的角度来说，及时被回复就代表自己被重视，对创作者的好感度和关注度自然会提升。

2. 态度要真诚，语言要符合人设的风格

短视频创作者回复评论时要以真诚的态度认真回复，不能敷衍了事，否则会给粉丝留下不好的印象。回复时的语言也要符合人设的风格，搞笑类型的账号可以用一些幽默的"梗"来回复，总之要保持与视频中一致的人设和风格。对待恶评或者提意见的评论，短视频创作者要注意自己的语气，避免针锋相对，防止引发粉丝不好的情绪。

3. 重点回复

面对评论区大量的评论，短视频创作者不可能做到每个都回复，这时就要秉持重点优先的原则进行回复：优先回复频繁互动的用户的评论、真诚提意见的评论和有负面情绪的评论等，再尽量回复其他的评论。

5.2.3 发起话题讨论

既然评论互动很重要，那么如何才能提高互动率，吸引更多的评论和转发呢？发起话题讨论就是一个提高短视频互动率的重要的方法。在短视频中，创作者设置话题讨论，可以加强粉丝之间关于短视频内容的交流，还可以加深粉丝对短视频内容的印象，而且话题本身也构成了短视频内容的一部分。发起话题讨论的方法主要有以下三种。

1. 抛出有争议的话题

有争议的话题往往能够引发较为激烈的讨论，增加短视频的关注度和热度。例如婚后女性独立、三胎等话题的讨论，都会增加短视频的热度和互动率，吸引更多粉丝参与到讨论当中。

2. 提出互动性强的话题

互动性强的话题能够有效地引发粉丝在评论区互动，例如"什么专业学了后悔""什么工作看起来一般，但实际薪酬很高"等话题，都具有很强的互动性。某博主有一条短视频的话题为"婆婆伺候月子是种什么样的体验？"，因其贴近生活且可讨论性较强，引发了评论区的热烈讨论。有的人赞同便会留言"太像了，真是绝了。"，有的人持不同意见也会评论"我婆婆不这样……"。

3. 故意漏出破绽诱发讨论

在短视频中偶尔漏出一些破绽或者矛盾点，更能引发粉丝的评论欲望，达到增加互动率的效果。创作者可以在短视频中故意留下一些破绽，如说错一些话，拿错东西等能够让人吐槽或指出的点，大部分人会觉得自己聪明能够看出破绽，就会积极在评论区中留言。还有"切成薄薄的厚片""圆圆的三角形"等具有矛盾点的话语，让人感觉有趣，也能引发粉丝的积极评论。

↘ 5.2.4　发起活动激发粉丝活力

短视频吸引到粉丝后，如果短视频创作者不发起活动，不与粉丝展开积极的互动，时间一长吸引来的粉丝就会变成"潜水党"，失去了活力。因此，要定期发起活动激发粉丝的活力。发起活动不仅可以提升粉丝活跃度，还可以形成二次传播，完成新一轮的拉新目标。

1. 抽奖活动

节假日、周年纪念都是重要的运营活动节点，通过抽奖活动促活也是大部分短视频创作者会采用的方法。例如"我们会从点赞、转发、评论里面抽取10个幸运用户，他们会得到一份礼品""评论区留下你的皮肤情况，我们会随机赠送一套化妆品"等抽奖类型，不仅可以有效增加短视频的点赞评论数，还可以通过粉丝的二次转发扩大影响力。

2. 创意征集类活动

向粉丝征集话题或者创意类型的活动，可以调动粉丝参与的积极性，让其获得一种参与内容创作的满足感，如向粉丝征集他们有什么想看的好物分享、想了解的话题等。在这种情况下，粉丝都会积极评论互动。

3. 让粉丝分享自己的故事

让粉丝在评论区讲述自己的故事，不仅可以让用户分享自己的故事，也能看到别人的经历。此外，还有"你有这样的好闺蜜吗？评论区@出来"的引导方式，也能有效吸引粉丝评论。

↘ 5.2.5　粉丝社群运营

创建社群可以将具有相同兴趣爱好的粉丝聚集到一起，通过社群促活也是一种有效提升粉丝活跃度的方式。粉丝社群主要包括抖音平台上的粉丝群，以及微信、微博等社交媒体平台上的粉丝群。

抖音粉丝群是抖音平台上的粉丝与其心仪短视频创作者之间进行互动的社群，让粉丝能够区别于普通用户，更受短视频创作者的关注。粉丝点击短视频创作者直播页面左上角的账号图标，在出现的界面选择"粉丝团"选项，即可花费抖币加入粉丝团。那么短视频创作者如何创建粉丝群呢？短视频创作者进入主播中心，选择"粉丝群管理"选项，点击右上方的"创建群聊"按钮，创建第一个粉丝群；打开直播后在直播间点击"…"按钮，选择"设置"选项，再选择"粉丝群管理"选项，直接选择开放申请，即可在直播中将观众引向自己的粉丝群。

维护抖音粉丝群是稳固粉丝的重要方式，为避免已有粉丝流失，短视频创作者要付出比平时更多的时间和精力运营粉丝群、维护铁杆粉丝。创建抖音粉丝群后，短视频创作者可以对本群设置管理员、入群条件、发布群公告等，通过维护提高粉丝与自己的黏性。短视频创作者发布任何新的作品动态，系统都会第一时间自动通知粉丝。系统还提供重要信息群公告强通知、一键激活新老粉丝的服务，短视频创作者再也不用担心粉丝会漏掉重要活动的消息。除此之外，群内还支持各种活动玩法，如红包、连线、表情包等，丰富的功能玩法更能拉近短视频创作者与粉丝之间的距离。

此外，短视频创作者可以从短视频平台上将粉丝沉淀到自己社交平台创建的粉丝群中，通过日常的沟通互动，拉近彼此之间的关系，从而增强彼此之间的黏性。同时，粉丝群还为短视频创作者征集粉丝意见、问题反馈等提供了一个有效的途径，是一个获得粉丝反馈的沟通的桥梁。此外，短视频创作者还可以通过为粉丝群中的粉丝提供专属的福利和内容等方式，吸引更多的用户加入粉丝群，逐渐扩大自己的私域流量，助力实现流量变现。

5.3 短视频账号矩阵化运营

想要达到更大的传播效果、影响效果，就要建立短视频账号矩阵，而账号矩阵化运营分为单平台账号矩阵和多平台账号矩阵两种类型。

↘ 5.3.1 单平台账号矩阵

单平台账号矩阵是指短视频创作者在同一个短视频平台上创建多个账号，且这些账号存在某种关联。例如抖音平台中的博主"宵夜"，创建了"宵夜大哥""宵夜吃什么""宵夜札札"等多个账号，围绕博主生活的不同方面而展开。"宵夜"是一个美妆账号，"宵夜大哥"是一个美妆等好物分享的小号，"宵夜吃什么"是关于美食生活的账号，而"宵夜札札"是一个发布情景短剧的账号。每一个账号都发布不同类型或内容的短视频，形成了账号矩阵。

虽然每个账号的内容都较为垂直统一，但多个账号可以全面展现博主的生活。因此在形成单平台矩阵时，每个账号要有不同的内容定位，每个账号之间需要具有一定的关联性，如图5-10所示。

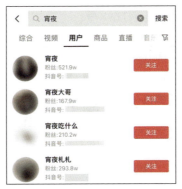

图5-10　抖音平台的某账号矩阵

↘ 5.3.2　多平台账号矩阵

多平台账号矩阵是指短视频创作者在多个平台上创建账号，其短视频作品在多个平台同步发布的形式。对于短视频创作者来说，创作过程十分费力，因此将作品同步发布到多个平台可以最大限度地挖掘作品的价值，提高作品全网的覆盖率，取得更大的收益。一般来说，建立多平台账号矩阵的短视频创作者会使用相同或相近的账号名字，这样便于粉丝识别。例如抖音美妆博主"温精灵"在小红书和快手平台上的账号名字都为"温精灵"，而在微博上的名字是"是个温精灵"，与账号矩阵名字相近。

↘ 5.3.3　账号矩阵管理

短视频创作者创建自己的账号矩阵后，该如何在不同账号之间互相引流？如何进行账号矩阵管理？对于这两个问题，短视频创作者需要注意以下几个方面。

1.　在账号简介中展示其他账号

短视频创作者在自己的短视频账号简介中，除了可以写关于自己的介绍，还可以写自己同平台其他账号和其他平台账号的名字，从而为其他账号引流。除此之外，账号首页背景图也可以使用带有其他平台账号名字的图片，从而实现引流的目的，如图5-11和图5-12所示。

图5-11　抖音平台"宵夜"的账号主页

图5-12　抖音平台"宵夜大哥"的账号主页

2. 在短视频内容简介中@其他账号

在发布短视频作品时，短视频创作者可以在文案部分@同平台账号矩阵中的其他账号，让粉丝点击后即可跳转到其他账号首页，从而实现同平台账号矩阵之间的互相引流。

3. 在列表关注中关注矩阵账号

短视频创作者还可以关注矩阵中的其他账号，这样可以使粉丝在关注其中一个账号时，从账号的关注中找到其他矩阵中的账号，从而实现互相引流。

4. 在评论区向其他平台引流

在短视频的评论区向其他平台账号引流也是当前短视频创作者常用的方式。例如对于小红书上博主的好物分享，感兴趣的粉丝就会在评论区中留言"有链接吗？"，这时博主可以回复自己的微博账号，示意微博账号中有具体的购物记录，这种做法不仅可以为粉丝提供所需要的信息，还可以向其他平台账号引流。

5.4 平台内付费推广

为了帮助短视频创作者推广自己的短视频作品，一些短视频平台推出了付费推广服务，这里以抖音的DOU+和快手的作品推广为例进行介绍。

↘ 5.4.1 抖音：投放DOU+

DOU+是抖音官方推出的一款短视频推广服务，短视频创作者可以为自己的短视频投放DOU+，也可以为其他人的短视频投放DOU+。短视频创作者投放DOU+后，抖音系统可以将短视频推荐给更多的人，从而增加短视频的曝光率。需要注意的是，并不是说只要投放了DOU+，短视频就一定能成为爆款。DOU+只是一个助力短视频推广的工具，短视频要想成为爆款关键是要有优质的内容。

1. 投放DOU+的步骤

短视频创作者登录抖音账号后，打开想要投放DOU+的短视频，点击右下角的箭头按钮，在跳出来的页面中点击【DOU+帮上热门】选项，如图5-13所示。

图5-13 抖音视频投放DOU+的入口

进入DOU+投放页面后，短视频创作者可以看到"速推版"和"定向版"两种版本。"速推版"需要设置【推荐人数】【提升项目】【投放金额】选项，设置完成后点击【拼手气支付】按钮进行付款即可，如图5-14所示。

而"定向版"需要点击【期望提升】右侧的超链接设置投放目标，选择【投放时长】，再选中【系统智能推荐】或者【自定义定向推荐】选项，最后选择投放金额进行支付即可，如图5-15所示。

图5-14 抖音平台DOU+投放
"速推版"界面

图5-15 抖音平台DOU+投放
"定向版"界面

2. DOU+投放注意事项

首先，必须要确保短视频的内容符合投放的要求。只有经过审核的短视频才可以投放DOU+，一些质量较差、非原创、存在明显的广告营销类内容、存在令人不适内容以及存在侵权风险的短视频都不允许投放DOU+。

其次，注意选择合适的投放时间点。短视频创作者发布视频后，要及时在账号后台观察有关短视频的各项数据，如果在短时间内该条短视频的点赞量、收藏量、评论量和转发量都有一定程度的提升，就说明这条短视频投放DOU+会有不错的效果。短视频发布一小时左右，如果看到短视频有成为爆款的可能，短视频创作者就应该马上投放DOU+，这样能让短视频成为爆款的概率更大。抖音采取的是流量叠加推荐机制，因此短视频发布初期是投放DOU+的黄金时期，在这个时候投放DOU+能够帮助短视频冲入更大的流量池，获得平台的流量支持。

最后，刚注册的账号在发短视频时千万不要投放DOU+，这是因为刚注册的账号权重都会非常低，如果这个时候就投放DOU+，会增加抖音审核的严格程度。一个带有一定营销性质的短视频作品，在不投放DOU+的情况下能够通过审核，投放DOU+后，就有可能因为审核变得更加严格而被抖音发现问题，甚至遭遇严重的惩罚。因此，抖音账号要在做了一段时间之后，再考虑投放DOU+。

↘ 5.4.2　快手：投放作品推广

作品推广是快手官方推出的一款付费营销工具，能够增加短视频的曝光率，助推短视频成为爆款。

1. 快手作品推广操作步骤

打开快手App，点击快手首页左上角的≡按钮，打开侧边栏，点击【设置】按钮，打开设置页面，选择【快手粉条】选项，进入快手粉条页面，点击需要推广的作品，如图5-16和图5-17所示。

图5-16　快手平台推广入口

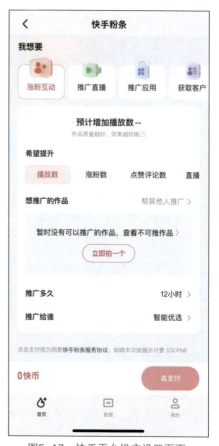

图5-17　快手平台推广设置页面

　　该页面中还有【推给更多人】【推给粉丝】【门店加热】【直播推广】【小店推广】【帮TA推广】等选项。点击【推给更多人】选项，打开"推广给更多人"页面，选择【投放金额】【期望增加】【投放时长】【定向条件】等选项，点击右下角的【去支付】按钮即可完成推广支付，如图5-18所示。

　　"推给粉丝"是将短视频创作者的短视频推送至粉丝关注页的第一位，有利于维护粉丝，吸引粉丝第一时间点赞互动。其具体操作为点击【推给粉丝】选项，打开"推广给粉丝"页面，选择【投放页面】【投放金额】和【投放时长】等选项，点击右下角的【去支付】按钮即可完成推广支付，如图5-19所示。

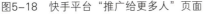

图5-18　快手平台"推广给更多人"页面

图5-19　快手平台"推广给粉丝"页面

　　"小店推广"是快手专门为开通快手小店的短视频创作者提供的付费推广服务，可以帮助短视频创作者推广带有商品链接的短视频作品，提高商品的转化率。点击【小店推广】选项，在打开的页面中选择要推广的作品，点击【推广此作品】按钮，完成【期望增加】【投放页面】【投放时长】【投放人群】【投放金额】等选项的设置，然后点击【去支付】按钮完成支付即可。

2. 快手作品推广技巧

（1）为质量较高的作品购买推广服务

从30天之内发布的作品中，选取高质量的作品购买推广服务，作品要满足原创、高清、优质的条件。如果作品不符合相关要求，就不能通过平台审核，也就无法进行作品推广。

（2）从小金额开始

初次购买作品推广服务可以从推广次数较少、金额较小的服务开始尝试，在熟悉作品投放规律或者对作品有了一定的把握之后，再对优质作品进行大金额的投放，这样可以发挥出更大的作用。

（3）不同阶段采取不同的投放策略

粉丝数较少的账号，可以选择将作品推广投放在发现页或者同城页，加大公域流量的曝光，达到快速积累粉丝的效果。有一定粉丝的账号，可以选择将作品推广投放在关注页，即直接推送给粉丝，增加私域曝光流量，增强粉丝黏性，实现粉丝的转化。

（4）根据效果追加投放

购买作品推广后要及时查看后台数据分析，如果粉丝转化率大于等于2%，就说明所推广的作品表现合格，可以将此作品进行二次投放，从而达到更高效的转化。

课后习题

1. 短视频创作者在发布作品时有哪些引流方式？
2. 短视频创作者如何进行粉丝运营，主要有哪些技巧？
3. 试着为自己创作的一个短视频投放DOU+或作品推广。

第 六 章
短视频商业变现

　　随着短视频的规模化、产业化发展，其存在的意义早已不仅仅是娱乐。专业数据平台统计分析，2020—2022年短视频行业市场规模以较快的速度增长，年复合增长率在44%左右；2023—2025年短视频行业市场规模增速会有所放缓，但仍保持16%的年复合增长率，2025年中国短视频行业市场规模将有望接近6000亿元。各种短视频制作公司如雨后春笋般出现，积极寻求整合资源、创造经济价值的渠道，而越来越多的普通人也在经济利益的驱动下，纷纷踏上短视频运营之路。当你欣赏、观看他人的短视频时，你可以思考一下，这个账号能够盈利吗？它是用什么方式盈利的？学完本章，相信你会有更清晰的思路。

【学习目标】

- 了解短视频商业变现的分类
- 了解各种变现模式
- 能够自行设计一个短视频账号变现方案

6.1 广告变现

广告通常是指为推销产品或提供服务，以付费方式通过广告媒体向消费者传播产品或服务信息的手段。短视频广告变现就是利用广告来营利。

6.1.1 广告变现的常见类型

短视频广告常见形式有信息流广告、开屏广告、植入式广告、浮窗广告、贴片式广告、品牌广告、冠名商广告等。其中，信息流广告、开屏广告主要是企业、品牌等通过与短视频平台合作的方式，向平台方支付一定的广告位与流量费，达到产品宣传的目的。

对于致力于短视频账号运营的视频创作者而言，植入式广告是更合适选择。在短视频中，植入式广告的形式多样、创意十足，因此短视频创作者在积累了一定粉丝后，往往会通过植入式广告进行变现。植入式广告有以下几种：道具植入；主人公通过台词传递品牌信息、特征；将广告与短视频剧情结合起来，巧妙地传递产品信息；短视频场景使用海报、Logo等突显品牌信息。在实际操作中，短视频创作者往往会把这几种结合起来。下面用两个案例进行说明。

1. 案例一："叮叮猫dxy"在剧情中植入智能全身镜广告

"叮叮猫dxy"在2022年1月22日发布的短视频中，把用来居家健身的智能全身镜作为剧情道具。在短视频的后半段，"豆豆"对"叮叮"说"你都玩了一天的游戏了，脖子不酸吗？快起来运动一下"，接着介绍了这款产品的功能，如图6-1所示。

图6-1 在剧情中植入智能全身镜广告

2．案例二："郝凡"将广告与剧情深度融合

"郝凡"的每条短视频里都有广告，但是其创意都能得到用户的喜爱。其用夸张的戏剧手法进行表达，直击产品的卖点，让用户在第一时间判断出产品是否符合自己的需求。仔细观看他的视频，就会发现其中不但有剧情，还有反转的逻辑情节，显得很自然，能够将剧情和产品深度融合。

6.1.2　广告变现的注意事项

短视频创作者在使用广告变现时，需要避免以下误区，否则达不到预想的效果。

1．广告品牌定位与短视频创作定位相符

短视频创作者寻找的广告品牌要和自己的内容、自身产品特点及用户群体吻合。例如，在专业类的短视频内容里植入偏休闲类的产品广告就会显得格格不入，在用户年龄偏大的短视频内容里植入比较新潮的品牌广告也不太合适。

2．广告植入方式要恰当

有些短视频即使是给产品打广告，但是由于创意得当，也能受到大家的欢迎；有些广告意在软植入，但是植入方法不恰当，反而引起观众的不满。例如，某短视频设计的剧情是三个人进入一家装修高级的餐馆吃宵夜，却因为某品牌方便面的软植入与现实生活情况违和而引起了观众的不满。

3．要有一定的人气为基础

短视频创作者做好内容才是使短视频价值不断变现的根本，切勿本末倒置。广告品牌看中的是短视频内容和粉丝流量，短视频创作者如果为了广告植入而放弃了对短视频内容本身质量的要求以及对用户的尊重，最终导致的后果不仅是广告资源的流失，还有辛苦经营的品牌的崩塌。

6.2　电商变现

电商是"电子商务"的简称，通常是指在互联网、内部网和增值网上以电子交易方式进行交易活动和相关服务活动，使传统商业活动各环节电子化、网络化，从而实现更高效的商品交易活动。短视频与电商相结合的模式也是短视频变现的主要方法之一。

6.2.1　第三方自营电商变现

目前有一些做电商的品牌，通过短视频，一方面为自己在其他平台的电商店铺做宣传和引流，另一方面提高品牌知名度。尤其在服装领域，这些电商品牌结合电商平台店铺运营、短视频平台视频发布、直播带货多种方式，实现变现。下面用案例进行说明。

1. 案例一："森女部落"——从电商平台到短视频平台

服装领域的"森女部落"品牌，原本在淘宝平台做原创少女时装的品牌，后来逐渐布局抖音平台短视频与电商直播，源源不断地吸引更多年轻人了解这个品牌。

2. 案例二："老爸评测"——从短视频平台到第三方自营电商

"老爸评测"短视频账号在短视频平台上已经拥有2000万粉丝，在微信公众号上建立了自己品牌的小程序，拓宽销售渠道，如图6-2所示。

图6-2 "老爸评测"小程序

↘ 6.2.2 短视频带货模式变现

相比第三方自营电商变现，通过短视频直接带货的模式更适合个体短视频创作者。个体短视频创作者直接将商品链接放在短视频下方或者主页商品橱窗上，辅以商品卖点宣传和专属活动福利，用户直接点击即可在跳转页面进行购买。

1. 在自己的短视频作品中帮助商家推广商品，促成商品成交，并从中获得佣金

这类账号需要基于使用场景或者卖点进行讲解，只要能够吸引用户停留，就有可能产生收益。例如抖音平台上推荐居家好物的短视频账号"你心中的小可爱"，如图6-3所示。

2. 在短视频作品中推广自己的商品，从中获得利润

例如抖音平台上的短视频账号"田老师爱读书"，前期通过推荐自己喜欢的书积累了一批粉丝，后来基于地域与人脉优势寻找工厂定制日用百货，其商品凭借质量保障收获了一批"铁粉"，他也表示要"初心不变，让'铁粉'更'铁'"。

图6-3 "你心中的小可爱"抖音账号主页

6.3 直播变现

《广播电视辞典》将直播界定为"广播电视节目的后期合成、播出同时进行的播出方式"。直播按播出场合可分为现场直播和播音室或演播室直播等形式。近年来,随着网络时代的到来,电视直播逐渐被网络直播取代。人们不再需要特别专业的演播室、拍摄设备、转播天线等设备和环境,只要有一部手机,随时随地都可以进行网络直播,而短视频平台上通常都有直播功能,直播变现也是短视频创作者营利的途径之一。

➘ 6.3.1 主播带货模式

短视频创作者拥有一定的粉丝后,进入其直播间的观看人数也会相对较高。主播带货模式的收入与带货产品的销量成正比,较广告变现收入更加可观,因此不乏有名人入驻短视频平台开启直播带货。

直播带货适合粉丝对品牌信任度高或者对主播个人信任度高的短视频账号。短视频内容需要保持一定频率的更新,主播在短视频内容中提及直播的时间、直播活动预告等信息，为直播间吸引流量。

例如抖音平台上的短视频账号"牛丸安口"，通过拍摄牛丸的制作过程和产品细节，在一年多的时间里发布了超过15万个短视频作品，平均每天更新300个作品。该账号用短视频帮助直播间引流，月营业额超800万元。

⬊ 6.3.2　粉丝打赏模式

粉丝打赏模式适合才艺展示型的短视频创作者。短视频有时长限制，而直播打破了这一限制，互动性与时效性更强。一些黏度较高的粉丝愿意观看直播，当主播在直播中展现才艺时，粉丝通过送礼物表达支持，这也能实现变现。

⬊ 6.3.3　带货+礼物打赏双收

短视频平台的直播形式不断创新，于是出现了一些能够实现带货和礼物打赏双丰收的短视频创作者。

1. 边表演边带货案例

图6-4所示账号的直播模式是几位主播伴随音乐一边表演一边直播，在轻松的氛围中引导用户下单购买产品。该账号后来逐渐更新表演形式，提升直播间话题热度，吸引用户停留和评论互动。此类账号的主播一般具有能唱会跳、又擅于互动的优秀素养，选品皆是单价不高但是知名度较高的日用品、零食、会员卡等。一些零食品牌直播间也纷纷采用这种模式直播带货。这类账号短视频作品大部分是由直播中较为精彩部分的录屏加上后期剪辑制作而成，主播表演节目的视频可以吸引用户进入直播间观看。这种直播模式可复制性强，也容易使用户产生疲倦感，想要长久运营需要有所突破。

图6-4　边表演边带货的短视频账号案例展示

2.　全民健身直播案例

以往健身类短视频主要是专业健身知识科普、健身方法教学等。随着直播行业的兴起，越来越多的健身类短视频创作者开始进行直播，抖音平台上的短视频账号"仲昭金Adam"便抓住了这次机会，在开始布局健身直播前，主要发布一些线下健身训练营相关的剧情短视频，为线下门店进行品牌推广。从2021年年底开始，他们开始进行以"跟练14天，挑战瘦十斤"为主题的健身直播，成功吸引到一批新用户，实时观看人数破万。他们在直播过程中会源源不断地收到"礼物"，在健身直播过程中或结束后会进行带货，介绍运动健身服、器械、食品饮料，销量可观。

2022年年初，演员、歌手身份的刘畊宏在抖音平台进行健身带练直播，不到一个月的时间就吸引了四千万用户，成功火爆出圈，在网络上引起热烈讨论，不少新闻媒体对其进行报道。他的直播在线观看人数达到百万人次，同时也会收到数额较大的"礼物"。这种变现方式已被越来越多的健身类短视频创作者采用。

6.4　知识付费变现

当前是一个信息过剩和知识焦虑并存的时代，人们的注意力被切割成碎片，娱乐性短视频已经无法满足人们的精神需求，于是知识类短视频开始受到关注，知识付费开始在一些学习培训型网站和平台上以视频形式呈现，或者在得到、知乎等平台上以文字形式呈现。如今越来越多短视频平台也开放了知识付费端口，很多短视频创作者采用知识付费模式实现变现。

6.4.1　知识付费模式

知识付费模式主要分为用户付费观看和自愿激励打赏，这两种模式可以相互结合。

知识付费模式原本已经广泛应用于长视频平台，如国内优酷视频、腾讯视频、爱奇艺等平台为会员提供跳过广告、提前更新、专属剧集等差异化的服务。短视频曾经是一个新风口，经历早期的野蛮生长的阶段后，正在向专业化程度更高、智力输入更密集的阶段发展，用户对内容的质量要求越来越高，对知识付费的认可度也越来越高，愿意为优质的内容付费。为了开辟更多盈利模式，如今短视频平台也开始推出知识付费板块业务。

B站作为一个被冠名为"学习网站"的短视频平台，一些创作者会将其原创课程内容分为付费和免费两部分，免费课程一般是一些基础的、通用的讲解，用来吸引用户；而付费课程需要用户支付B币（B站通用虚拟货币，可以用来购买该平台内各种虚拟产品和增值服务），付费课程往往更加系统化、全面化。此外，用户还可以通过"充电"直接向创作者打赏。

例如B站的账号"doyoudo"深耕于设计和影视后期制作类软件的教学，免费提供大量的案例教学视频，同时还开设了两门付费课程，满足不同类型用户的需求，如图6-5所示。

图6-5 B站UP主"doyodu"主页

↘ 6.4.2 知识付费内容

短视频实现知识付费的内容选择丰富，常见的是创作者依托其通过前期用户积累获得的相关领域的信任度，开设技能培训课程。

也有一些创作者眼光独到，关注当前新媒体领域火热发展态势，传授短视频领域相关知识，如短视频运营、拍摄、剪辑相关的课程，如图6-6所示。

图6-6　B站中的短视频制作剪辑教程搜索页面

6.5　短视频渠道分成

渠道分成收益指的是通过短视频的点击播放量获得平台发放的资金，收益往往与播放量、互动量成正比。想获得收益，短视频创作者可以参与平台有奖创作活动；还可以达到一定等级后申请参与分成，平台根据短视频的播放效果发给短视频创作者激励资金。有些平台也会通过签约"独播""首发"等方式与短视频创作者达成合作，并给予一定的奖励。

↘ 6.5.1　参与平台有奖创作活动

一些短视频平台为了激励创作，会组织有奖话题创作活动。这些活动往往紧跟社会热点、时间节点，既能够为短视频创作者提供创作方向灵感，也会在流量方面有所倾斜。例如B站的"热门活动"页面，如图6-7所示；抖音的任务中心页面，如图6-8所示。

图6-7　B站的"热门活动"页面　　　图6-8　抖音的"全民任务"页面

6.5.2　获得平台分成

对于短视频创作者来说，渠道分成是创作初期主要的收入和变现手段，选择适合的渠道分成模式可以快速积累短视频制作上所需要的资金，从而为后期其他短视频的制作与运营提供便利。例如，B站的视频创作激励门槛为电磁力等级达到3级且信用分大于等于80分，如图6-9所示；腾讯视频则要求原创视频的总播放量达到10万次，至少上传5条原创视频。

图6-9　B站的创作激励计划

↘ 6.5.3　与平台或MCN机构签约

随着短视频运作的资本化和规模化，短视频创作者与平台或者MCN机构签约变得常见。平台会要求其创作的内容在该平台首发或者独播，短视频创作者与平台签约的好处在于能够得到流量保障和资源扶持。

此外，各种MCN机构如雨后春笋般出现，对旗下众多短视频、主播达人进行签约培养，进行商业化推广合作。而MCN机构能够以发工资的形式提供资金保障，帮助短视频创作者持续输出内容。

6.6　IP价值衍生变现

拥有一个优质的IP，就相当于拥有价值衍生的核心力量。IP价值衍生较具代表性的案例多在影视领域，如"迪士尼公主"IP，其衍生物包括电影、游乐园、玩偶等；"精灵宝可梦"IP，也陆续打开了动画、漫画、纸牌游戏、电影的市场。IP价值衍生变现模式也可以运用到短视频运营中。

↘ 6.6.1　版权输出变现

在具有一定规模和影响力后，短视频账号就成为了一个品牌，短视频创作者便可以出版图书，或者利用相关人设拍摄影视剧等。

例如由陈翔和李昭澎执导的爆笑迷你剧《陈翔六点半》，最初在腾讯微视播出，后来活跃于美拍、快手等多个短视频平台。如今，该团队的部分演员已被很多观众熟知，并且不再拘泥于短视频平台，开始输出网络大电影，如《陈翔六点半之废话少说》《陈翔六点半之拳王妈妈》等。

papi酱于2015年开始在网络上上传原创短视频，2016年迅速走红并获得1200万元的融资，接着成立短视频MCN机构papitube。值得一提的是，papi酱账号的第一条贴片广告在北京被拍卖，竞拍价格在短短6秒的时间里就从6万元增长到1000万元，最终以2200万元的价格成交。可见，她作为一名短视频创作者，已经实现了个人品牌的版权输出。

↘ 6.6.2　开发IP衍生品

IP衍生品又被称为"周边"，原指依照动漫、游戏等作品中的人物或动物造型为基础设计的产品。同样作为视听内容，短视频也可以开发IP衍生品。

例如短视频创作者"李子柒"，2015年开始拍摄美食短视频，2016年11月凭借短视频《兰州牛肉面》获得广泛关注并吸引了大批用户。其微博账号主页如图6-10所示。2017年，李子柒正式组建团队并创立个人品牌。2018年，该品牌在天猫开设的旗舰店正式开业，推出五款美食产品，其中李子柒螺蛳粉成为主打产品，如图6-11所示。

图6-10 李子柒微博账号主页

图6-11 李子柒天猫店铺页面

课后习题

1. 简述电商、直播和短视频之间的关系。
2. 收集一个你喜欢的短视频账号的变现数据，分析它的变现模式与发展趋势。
3. 请为你的个人账号设计几条变现的方式。

第七章
短视频案例分析

　　本章分析了三个较为成熟的短视频账号，它们在账号定位、选题、内容、拍摄剪辑技巧等方面均有可取之处，可供我们学习和参考。我们可以选择自己喜欢的账号，从这些角度进行分析，作为自己的对标账号，取其长处，加入创新点，并运营一个属于自己的短视频账号，最终实现学以致用。

【学习目标】

- 对短视频账号运营实操有更系统的认识
- 学习不同类别的短视频账号运营的重点
- 了解不同类别短视频账号的优势和劣势

7.1 "房琪kiki"短视频账号分析

房琪，一名旅游类博主，她的个性签名是"我叫房琪不放弃"。2018年9月，她在抖音上发布了自己的第一条视频，经过两三年的时间，就从央视主持变身为自媒体达人。

7.1.1 账号运营现状

"房琪kiki"的账号在抖音、小红书两个新媒体平台上进行视频分享和创作，以抖音平台为主。

1. 抖音平台数据（截至2021年4月15日14:00）

发布视频数量：346条（过程中有删减）。

视频总获赞数：1.04亿次。

平均点赞数：25.4万次。

总转发数：6.3万次。

总评论数：20.1万次。

粉丝数：1091.1万人。

发布频率：每周平均发布2条视频，每月平均发布11条视频。

视频长度：主要在1分钟左右，符合短视频平台用户的观看行为习惯。

2. 小红书平台数据（截至2021年4月15日14:00）

发布笔记数量：114条（视频或有删减）。

获赞数与收藏数：324.8万次。

粉丝数：89万次。

7.1.2 账号定位

1. 用户定位

"房琪kiki"的主要用户群体年龄在18～35岁，即青壮年群体。这类群体正处于学业和工作压力较大的时候，所以对轻松化、自由化的题材需求旺盛。这和"房琪kiki"的旅游视频特质相契合。

2. 内容和形式定位

"房琪kiki"专注于"旅游"方面，内容选择与其自身能力条件密切相关。在做自媒体之前，房琪在央视的一档旅游类节目做主持，积累了大量的经验，对该类内容的把握十分精确。房琪毕业于南京传媒学院，接受过专业知识的系统学习。同时，房琪自身是文学爱好者，阅读积淀使其内容充满个人特色，文笔优美，满足了一个优质账号所需要的条件。同时，房琪通过视频的形式进行展现，相对于图文，能够让用户更加直接和轻松地获得信息。

3．平台定位

房琪在抖音和小红书均有投放，但是以抖音为主。根据《2018抖音大数据报告》，抖音国内日活跃用户数突破2.5亿人次，国内月活跃用户数突破5亿人次，国内用户全年打卡2.6亿次。相较于其他短视频平台，抖音的用户活跃度更高，是一个传播非常迅速的平台。同时，抖音对优质内容的需求旺盛，所以房琪在2018年选择抖音作为主平台进行创作，以快速获得流量。

↘ 7.1.3　视频特色风格

1．旅行故事治愈人心

房琪前期的视频以讲故事为主，讲述其人生经历、旅行经历。故事型视频能够较好地吸引用户的注意力，将景点介绍转化为旅行故事，可以引起用户共鸣。房琪对旅行类视频的定义是治愈系的，这也是她视频风格的一大特色。

她将旅行记录转化为生活记录，在2018年11月8日的视频中讲述了一个关于"失恋和治愈的旅行故事"。"失恋"这一话题很容易引起用户的共鸣，因失恋而进行的一场旅行更是被赋予了治愈的意义，旅行中的所见似乎都带有些许的感情色彩，"很凶但是做饭很好吃的厨师""不爱说话的老板"等在房琪娓娓的讲述中让整个视频充满了治愈的味道。

2．诗情画意描绘美景

房琪还有一部分视频不强调叙事，也无关剪辑逻辑，而是着力于一种旅行中闲适情绪、情调的传达。在2021年3月12日的视频中，"烟雨三月，歙县石潭村的油菜花，明媚了皖南的春天"富有文学气息的开篇描述为视频奠定了文艺的基调，加上房琪穿着应景服饰出镜吟诵诗句"江南无所有，聊赠一枝春"，使视频充满了诗情画意。视频的画面主要采用航拍，呈现山水美景，带用户领略美景之余，也营造出一种山水画的氛围感。

↘ 7.1.4　选题

1．引入IP引发共鸣

每个人总会在一些时刻迸发出"来一场说走就走的旅行"的念头。而房琪与别人不同的是，她付诸了行动。

她的旅行视频虽然讲述的是自己的旅行故事，但她把握住大众心理，引入了一些知名的影视剧IP。这是一种生活方式的体现，甚至是一种梦境的营造，在IP的基础上构建一个符合用户期待的旅行故事，无形中设置了可代入的情境，拉近了与用户之间的距离，引人入胜。

同时，此类视频也通常采用固定的句式："看了几遍……，我去寻找了……"，如2020年9月19日，她写到"看了两遍《大鱼海棠》，我去寻找了椿的家——福建土楼"。房琪利用IP在一定程度上也提高了作品的知名度。

2. 部分选题具有深刻意义

作为一位旅行博主，房琪在选择目的地时会考虑一些社会意义。例如，2020年7月27日发布的视频中，她展现了黎族文化中的黎锦、图腾。2019年10月18日发布的视频中，她带用户领略千年古城"良渚"的文明遗迹，感受古老文明的魅力。这些视频在很大程度上起到了文化记录、见证和传播的作用。

↘ 7.1.5 内容

1. 标题

从2020年5月20日开始，房琪的每个视频都有了明确的标题，在视频结构上趋于完整。房琪的视频标题分为两类，一类以旅游打卡为主，另一类以生活记录为主。两类标题的共同点是主题性很强，在涵盖、统领内容的同时点到为止，做到恰到好处的留白，向用户传达一种诗意美。

（1）地名

以旅游打卡为主的视频标题多为名词，比较简短且紧扣主题。例如《拈花湾》《庐山行》《成都》《多面昆明》等视频，直接用地名作为标题，用户可以一目了然地了解到该视频是关于哪一个地方的，也能精准地筛选出自己感兴趣的旅游胜地。

在直接使用地名作为标题的同时，房琪也会选择性地为地名加上一些修饰，增加一些画面感和艺术性，如《西岭千秋雪》《川西童话》《不落的太阳》等视频。这类旅行视频具有更强的诗意感，标题也更具美感，由此奠定了此类视频的主基调，仅看标题就足以令用户心生向往。

（2）文艺作品

用户在房琪的作品中可以看到大量的以文艺作品为标题的视频，这类视频往往以打卡影视、书籍中出现的、人们向往的地方为主题，房琪也在标题中明确地指明这一点。例如《大鱼海棠》《盗墓笔记》《琉璃》等，借助各类文艺作品的热度吸引用户的目光。

（3）悬念

在点进《征途不停》《专属精致》《岁月神偷》等旅行视频前，用户并不知道这条视频的主题究竟是什么，旅行的地方又在哪里。但由于标题为视频内容留有悬念，而标题本身也足够吸引人，用户会带着好奇观看和思索视频。

（4）就事论事

就事论事即视频内容是什么，标题就写什么。此类标题也往往较为精简，能够让用户一目了然地了解视频的主要内容和中心思想。

（5）发布时间

每条视频的标题下方都附有该视频的发布时间，给人一种"生活记录感"。

2. 视频内容文案

（1）主题明确（以《大鱼海棠》为例）

"每次能在现实里打卡不同次元的世界，我都觉得很开心。"房琪的视频往往以旅行打卡为主，而这句话恰恰点明了房琪作品的共同点。

"打卡"是房琪旅行的主要目的，也是视频的主要内容和主题。这一点契合了当今社会人们对旅行的需求与认知。旅行是对自己没有到过的地方产生的向往，想去不同的地方体验不同的生活。

房琪的每一条视频都有明确的主题，包括旅行前的驱动力、旅行途中的美好、旅行后的心得。这三点紧密相连，构成一个"理想"中的旅行视频。

以《大鱼海棠》为例，此次房琪的目的地是福建土楼，驱动力则是视频一开始就点明的"第二次看完《大鱼海棠》，我决定去找椿的家，神之围楼"，这充满了诗意和梦幻的"追梦"般的描述，抓住了人们在看完一部热门动画电影后，对取景地产生的好奇和向往的心情。而房琪，则作为这一好奇、向往的代表，带领用户身临其境地来到福建土楼，寻找作品的身影。

视频内容的主体部分，即旅行的过程，也会围绕主题进行。视频不断将福建土楼的实景与电影画面对应和交织，加上"这里就是与人间的交接——神之围楼""千户万户瞳瞳日，天空飞来自由的大鱼"等解说，用户跟着房琪对电影画面的描述，就像被房琪带进电影世界一样。这样的设计也契合了为《大鱼海棠》而来的主题。

"这短短的一生，我们终究都会失去。所以，不妨大胆一点。"视频末尾以一句意味深长的台词作为结尾，而这句话表达电影中心思想的同时，也为这场旅行赋予了别样的意义。

（2）文笔优美（以《大理多可爱》为例）

"喜欢，喜爱，喜悦，喜洲（喜洲镇，隶属云南省大理白族自治州大理市）。以前我不明白，为什么大理会成为那么多人的一场梦。直到那天，麦田，被风吹成了海浪，回忆，就再也丢不掉风的声响；直到那天，小普陀岸边海鸥翔集，悬停又徘徊，我在环岛西路，用脚踏车追风，想把自由找回来；直到那天，我在洱海旁的民宿醒来，粉红色的纪念碑谷，搭配蓝色的海。喜洲的风，海舌的树，扎染的彩，不知道我的镜头，能不能让你明白：大理，有多可爱。"

善用排比，加强抒情。开头"喜"的重复，是一种联想和引入。"直到那天"所统领的三句式排比，节奏鲜明，韵律感强，内容集中，在表达上是一种气势的增强和堆叠，也让情感的抒发逐层加深。整齐的句式同样富有美感。

善于押韵，语言具有韵律美。句尾押韵，如"……找回来……醒来……蓝色的海。……扎染的彩……让你明白……大理有多可爱。"押韵的文案在温和女声的念诵下朗朗上口，让人忍不住被其中的韵律感所俘获。

引人入胜风景描写。动静结合，画面感强，同时富有逻辑性。仔细观察，房琪对风景的描写往往是动静结合的，不仅有对静态风景的描写，更是对人的足迹和动作的描写。用人的视角和行为作为线索，房琪将自己对风景的体验串联起来，不仅添加了连贯性，也增强了画面感。

善于引用，"双引号"频现。房琪在内容文案中，时常会引用书中、电影中的一些金句，为视频带来一些升华，也能引起用户的一些共鸣。

（3）金句频出

金句是优秀短视频的标签，也是一张能将视频传播出去的好牌。房琪的视频文案中时常出现朗朗上口的、意义深远的句子，甚至会吸引用户将里面优美的句子摘抄下来。例如《不落的太阳》中，"这一生，何为自由？要去做不落的太阳，做草原上策马奔腾的姑娘。"

这样优美的句子在房琪的文案中以非常密集的频率出现，可以说每句都是经过了仔细的考量和打磨，没有一句是随便写写。房琪的视频节奏慢，文案字数不多，也正是因为这样才显得格外精致。

（4）感情丰沛（惹人共鸣）

房琪的文案往往在寻求与用户的感情共鸣，因此以抒情的表达为主。而密集的抒情在短视频中很有优势，因为篇幅的限制，不允许出现太多的铺垫。而主打文艺范的房琪怎样在视频中迅速传递细腻的人文关怀、直击人心中柔软的一角？她采取的方式就是借助美丽的风景，密集而有效地抒情。

3. 发布文案

与标题类似，房琪发布文案时往往会选用视频中的中心句，以起到一个统领和概括整个视频的作用，而这句话往往是视频开头的第一句话。这样的设计在简要概括视频内容的同时，还能起到吸引用户观看视频、点出视频中心思想的作用，帮助用户更好地理解。

↘ 7.1.6 拍摄剪辑

房琪的视频风格就是带着文艺气息的"美"，每一帧都是画。视频的每个镜头都很短，基本不超过3秒，节奏比较快，尽可能在短时间里展示多个场景和多个角度的风景。视频主要通过运动镜头和固定镜头结合拍摄，以远景、全景、中景、近景交叉为主，组合形成一个完整的视频。视频中的很多画面都使用航拍镜头，介绍每个景点时都会拍摄不同角度的大全景。以房琪2020年9月19日发布的《大鱼海棠》为例，拍摄福建梯田的两个镜头采用了平拍前进和扣拍前进，在交代了地点的同时还可以增强用户的代入感，拍摄土楼时采用扣拍上升的方法，加深画面的层次感和纵深感。而在拍摄出现人物的画面时，大多使用固定镜头，中景或近景拍摄，突出人物在画面中的主体地位，强调人在自然风景中的沉浸和享受以及人与自然相融合的和谐宁静。视频中的全景画面大多采用中心构图，就是将主体放在画面的中心，突出主体的位置，或者拍摄建筑物或中心对称的物体，使用户的视觉焦点始终处于画面中心。《大鱼海棠》中的土楼扣拍和仰拍都采用了中心构图，人物处于画面中心，土楼作为陪体使得画面层次更加丰富，线条感更加明显。拍摄人物时，主要采用三分线构图，画面中只留一个主体，让观众的注意力集中在主体上，保留部分留白，让画面更具唯美感。房琪2020年4月26日发布的《天空之境》中就大量使用了三分线构图，画面中洁净纯白的茶卡盐湖和天空融为一体，房琪站在画面的1/3处，大量的留白使画面聚焦在人物身上的同时还增添了无限遐想的韵味。房琪视频的转场效果使用简单的硬切，前一个画面直接切换后一个画面，景别切换流畅，丰富了用户的视觉效果。房琪通过解说词的节奏控制镜头时长，一句话一个画面，所以单个镜头的时长较短。虽然没有使用转场技巧，但是画面节奏和解说词节奏相一致，内容搭配合适，转场比较自然流畅，不会让人感到不自在。房琪会以同期声的独白收尾，进行文案的分段和内容的切割，同时避免了用户对旁白配画面产生疲惫感。

视频的拍摄内容大多为自然风光，所以整体上以蓝色和绿色为主，冷色调营造了一种宁静悠远的感觉，令人放松，同时画面中出现的一些暖色可以丰富画面色彩，增强画面的表现力。房琪的视频还常常出现冷暖色调对比的画面，如在2020年12月3日发布的《纪念碑谷》中，高饱和度和高明度的粉色纪念碑谷与蓝色的天空就形成了冷暖色调对比，给人强烈、刺激的视觉感受，这种对比色调搭配得当，可以达到让人感到惊艳和眼前一亮的效果。房琪视频的背景音乐大多数是舒缓浪漫的纯音乐和轻松优美的古典音乐，搭配房琪温暖治愈的旁白，奠定了视频清新文艺的整体基调。先确定好主题和情绪，再选择音乐，才能增强音乐和视频的适配性，提高用户的代入感。虽然房琪的视频整体情绪是跟着背景音乐走的，但是解说词才是视频的内容精华，背景音乐的音量明显低于人声，不会喧宾夺主。

↘ 7.1.7 商业变现

房琪公开说过，从2018年8月到2019年8月，她的收入已破百万元。她的变现路径分为视频广告和直播带货。房琪直播带货的频率并不高，2021年4月20日和4月23日的两场直播的带货转化率分别为0.98%和0.06%，销售额分别是19.3万元和4725.70元，橱窗中的商品多为书籍，这与她的个人形象和内容输出比较吻合。截至2021年4月23日，她所有直播的音浪收入为64.7万元。房琪的变现方式主要依靠视频广告，广告是比较直接且普遍的变现方式，房琪视频中出现的推广产品多为汽车、手机和银行信用卡等，植入时不会影响视频整体氛围和内容输出。例如，在房琪2021年3月26日发布的《又见林芝》中，她以自驾游的方式自然展示汽车品牌，广告融入自然，也达到了推广的目的。

7.2 "蜀中桃子姐"短视频账号分析

桃子姐是一名美食类博主，她的个人介绍是"什么也阻挡不了一颗吃货的心"。"蜀中桃子姐"抖音账号创建于2018年，早期以简单的美食教程为主，后来融入生活场景，完成内容转型。

↘ 7.2.1 账号运营现状

截至2021年4月20日9时15分，"蜀中桃子姐"共发布作品669条，拥有2155.4万粉丝，获赞2.0亿次，平均点赞数约30万次，评论总数达701.4万次，分享总数达277.8万次。目前，"蜀中桃子姐"已经形成了成熟稳定的运营模式：以团队运营为主，基本实现日更，每次更新作品数基本保持在2～4条。作品发布的时间集中于15：00—18：00。每个视频时长都在60秒以上，还有相应的关键词设定，如图7-1所示。这里以2021年4月13日至4月20日为例，展示"蜀中桃子姐"一周数据趋势，如图7-2和图7-3所示。

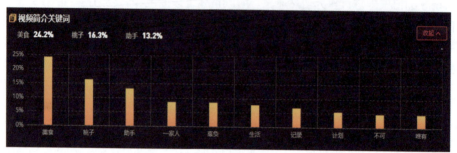

图7-1 关键词设定

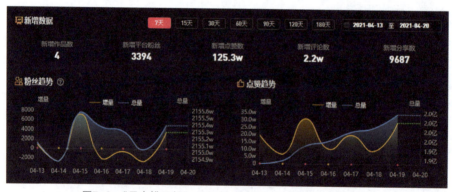

图7-2 "蜀中桃子姐"一周内"粉丝"和"点赞"数据趋势

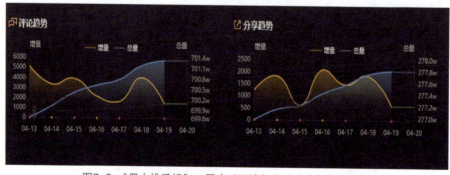

图7-3 "蜀中桃子姐"一周内"评论"和"分享"数据趋势

↘ 7.2.2　账号定位

1. 你是谁?——做与众不同的账号

"蜀中桃子姐"是美食类账号。美食作为刚需,拥有广大的用户群体,做此类账号是非常明智的选择。初期,"蜀中桃子姐"以简单的美食教程为主。此类视频虽然具有些许实用性——教人做菜,但在无数同类美食教学视频中没有亮点,自然也没有知名度。

这段经历让桃子姐意识到账号定位存在问题,并对此进行了重新调整。她巧妙地运用自己的生活场景与特色,开始走一条原生态的美食路线:将视频融入生活化场景,在展现美食制作过程的同时,通过自己、丈夫、孩子等之间的真实日常互动,为美食注入浓浓的烟火气和人间情。这一转型实现了"美食+情感"的有效联结,提高了账号的情感密度,也开启了"蜀中桃子姐"的爆粉之路。

综上所述,"蜀中桃子姐"的成功与其准确的账号定位密切相关。其有三点做法值得借鉴。

(1)找准自身优势

桃子姐作为"草根网红",与流量明星和专业"网红"相比,在颜值和人气等方面处于劣势,若想走和大多美食类主播一样的道路,明显不切实际,也困难重重。但桃子姐有自身的优势,她土生土长于农村,会干很多活,既勤劳又能干,同时还有一个淳朴憨厚的丈夫和三个天真烂漫的孩子。这样自然而平凡的人设和生活,真实美好,是众多流量明星和专业"网红"的视频无法提供的。"蜀中桃子姐"找准了自己的优势,并据此准确定位账号,从而逆袭成为美食类短视频领域的一匹"黑马"。

(2)针对用户需求

仅有优势,还不能助推短视频账号走向爆红。只有自己的优势迎合了用户的需求,才能真正为后续发展插上腾飞的翅膀。"蜀中桃子姐"能出圈,不仅是因为它找准了定位,更是因为其优势刚好能满足用户"追求人间烟火气"的需求,给予用户无法从其他美食类账号中获得的体验。所以,短视频账号想要爆红,关键是要针对用户需求进行准确定位。一般而言,账号所针对的需求越急切,出圈的可能性越大。

(3)大胆"另辟蹊径"

美食类短视频作为短视频的一大类,在"蜀中桃子姐"入驻抖音平台时,其发展已趋于成熟,各账号对流量的争夺也异常激烈。"蜀中桃子姐"作为新号,想要通过走"前人的老路"在激烈的竞争中胜出,显然比较困难。这也是"蜀中桃子姐"初次尝试失败的原因。而它后期的成功则有力地证明了账号在定位时"另辟蹊径"的重要性。不过,"另辟蹊径"并非"天马行空",而是要在找准自己优势和用户需求的基础上,对账号定位进行合理想象和大胆创新,使自身与其他账号呈现差异化,从而让用户喜欢上与众不同的自己。

2. 能帮用户做什么？——让自己无法被替代

"蜀中桃子姐"在账号定位过程中经历了两个阶段：第一个阶段，它将自身定位成简单的美食教学类账号，但作品发布后反响平平，无法获得用户的喜欢；第二个阶段，它将自身打造成"情感+美食"类账号，收获了无数用户的喜爱，迅速从"新人号"转变为"大V号"。

对比这两个阶段，"蜀中桃子姐"在账号定位中都抓住了用户需求，并以满足用户需求来体现存在的价值。但区别在于，对于第一个阶段的"教人做菜"功能，其他账号也能提供，"蜀中桃子姐"在这一方面没有竞争力；而第二个阶段的"人间烟火式"体验，却是"蜀中桃子姐"独有的，其他账号无法取代它。特别是对于大量向往农村生活的人和在外漂泊的人来说，"蜀中桃子姐"的这一体验，在一定程度上弥补了他们身处城市无法近乡的遗憾。

综上所述，短视频账号想要爆粉并保持较高的用户黏性，不妨借鉴"蜀中桃子姐"的账号定位思路：抓住用户痛点的同时，让自己无法被替代。

3. 和别人做的有什么不同？——化"不同"为优势

"蜀中桃子姐"能在众多美食类账号中脱颖而出，很大程度上取决于它善于突出自己与别的账号的不同之处，并将"差异性"巧妙地转化为自己的优势。

（1）人设定位

桃子姐是一名农村家庭主妇，这一身份是她与其他美食类视频主播的不同之处。她巧妙地运用了这一不同之处，在人设定位上奉行"没有包装就是最好的包装"原则，尽可能还原自己在农村生活中的真实形象，使其在众多美食类视频主播中脱颖而出，收获了一波又一波用户的喜爱。

（2）粉丝定位

当大多美食类账号将用户定位成简简单单想学美食和热爱美食的人时，"蜀中桃子姐"结合自身的乡土特色，瞄准一群特定的人——生活在农村的人、喜欢和向往农村生活的城市人和在外漂泊思乡的打工人进行视频创作。这样的粉丝定位，让它与其他账号形成了差异，并通过这一差异凸显其存在价值和意义。

（3）视频内容和风格设定

表现农村生活的美食类账号越来越多，并摸索出特定的发展模式。为降低竞争的激烈程度，"蜀中桃子姐"在视频内容和风格的设定上，尽可能融入自身的元素，突出自身与已有展现农村生活的美食类账号的差异性，并将这种差异性转化为吸粉的有力工具。其具体做法如下。

"蜀中桃子姐"在进行账号定位时，有一类账号十分火爆，它注重表现乡村风光之美和田园生活之惬意，给人一种置身世外桃源的感觉。但"蜀中桃子姐"没有迎合这一流行趋势，而是走上另一种风格路线：真实再现农村柴米油盐式的生活，注重表现农村生活的平淡、质朴。这一独特的视频内容和风格设定，将其在视频制作上"没有精美的滤镜""没有完美的角度""没有豪华的食材"等劣势巧妙地转化为还原真实农村生活的优势，使其在少数优秀账号中也能脱颖而出。

7.2.3 视频特色风格与拍摄剪辑

同为比较优秀的美食类视频账号，人们很自然地会将桃子姐与李子柒联系起来。不可否认，两者的视频在表意上有共同之处，但是在呈现方式上却大相径庭。如果拿视频风格做对比，李子柒的视频就像电影中的文艺片，为用户构建了一个理想的"世外桃源"；而桃子姐的视频更像未经雕琢的纪录片，为用户还原本真的田园生活。

桃子姐的视频涉及美食、家庭和乡土。没有刻意的对话，场景也没有任何修饰，看她的视频就像是到了村里邻居家的灶屋：丈夫烧火，妻子做饭，过程中一直有拌嘴，话家长里短，最后端出热气腾腾的饭菜，一家人其乐融融。基本上没有表演的成分，给人的感觉不是说台词，而是过日子。

视频中的主角通常是桃子姐夫妇。丈夫包立春，是家里的主要收入来源；妻子桃子姐负责干农活、做家务、养孩子。包立春常常从外面回来，就开始不停地提要求，又懒又馋，喜欢把小女儿逗哭；而桃子姐手脚麻利，嘴也麻利，和丈夫斗嘴的同时，能把家里倒腾得利利索索，每日换着新花样给家人改善伙食。两个人在视频中的表现真实自然，让人觉得亲切、有温度。

桃子姐的视频不重在"吃"，而重在"做"。对于各种原料，她都有自己独特的处理方法，如娴熟地用刀裁切五花肉，横纵交错只为贴合肉的纹理。看桃子姐做饭不会产生一种看教程的反感，倒像是在看一位农妇妈妈为丈夫孩子做饭，很亲切，也很有食欲。

在制作上，桃子姐的视频自带特色。虽然，她的每个视频都经过剪辑和拼贴，但是剪辑和拼贴的痕迹并不突兀，场景的切换、镜头的变动，都自然地随着叙事者的视点而变动。在桃子姐的视频中，人物一般不会直视镜头，他们的镜头意识并不强烈。这样的处理方式，让用户感觉不像在看视频，而像在透过一扇窗户观察别人的生活。

桃子姐视频中人物的对话较多，一个视频里常常从头至尾都是桃子姐夫妇的拌嘴声，但我们在观看时不会觉得嘈杂。相反，正是这些对话反映出桃子姐夫妇的实际生活中充满了互相调侃的温馨和乐趣。用户愿意相信这就是本真的生活，因为这些借由视频形成的片段性叙述，指向的是生活，也是用户内心渴求的美好。

另外，乡土构筑起桃子姐视频的审美基础。桃子姐团队不断摸索和调整视频艺术，使其呈现出一种审美化趋势。他们有时会利用无人机进行航拍，展现出乡村的整体风光——碧绿的群山、辽阔的水田、参差的农舍；有时会聚焦某一农作物、家畜或农舍一隅，将乡土人情收录视频，使人与自然和谐的关系再度确立和呈现出来。

总而言之，桃子姐的视频就像本人一样，外表平平无奇，朴实无华，内里却蕴含了劳动人民智慧的结晶、家的温馨与祥和，以及亲情的温暖与感动。她的视频，没有精美的滤镜，没有完美的角度，没有豪华的食材，只有农村真实的生活点滴：柴米油盐中话家常，人间烟火里表真情。

↘ 7.2.4 选题、内容和效果

1. 选题

桃子姐和包立春以做饭、吃饭为核心展开日常农家生活的家长里短。

2. 内容

（1）发布文案

发布文案以第三人称叙述，客观讲述、简要概括视频内容，将夫妻二人称呼为"桃子姐、包立春"，虽然文字谈不上优美，但极为精简。

（2）文案特点

视频以人物对话为主要呈现方式，以桃子姐做饭、生活为主要内容，中间夹杂着大量的方言，以及夫妻吵架拌嘴，嬉笑怒骂，真实还原了两个人的生活场景，虽然主要内容是桃子姐给包立春做饭，但每条视频里也有许多家长里短式的对话，如"勒门口就放得有响杆，等会喊老爸给你两块回锅肉"等，不留痕迹地连接文案的每一个部分和情节。这样的文案在镜头面前，虽然不具备文学性，但极具生活化。

（3）文案结构

视频包含起承转合四个部分，我们根据这四个部分分析文案的具体内容。

文案的"起"往往是视频中做饭的原因，通常作为一个事件出现。例如，妻子出院回家，孩子替丈夫写保证书，妻子和丈夫吵架回娘家等。这个事件可以非常简单，甚至简单到买了新刀试试手，桃子姐都能将厨房教学融入日常生活中，节奏较慢，克制且自然。

文案的"承"是接续事件，即桃子姐开始做饭，做饭的步骤写得相对精练，如"来点水，开锅勾点芡"等，简单、短小，此时包立春往往会坐在灶台旁边陪伴桃子姐做饭，扮演补充和调剂的角色。在桃子姐给食材包裹豆粉时，包立春补充："鱼大多抹点，鱼小少抹点。"包立春和桃子姐拌嘴、聊天、活跃气氛，让桃子姐简短、精练的教学文案中多了冗长的句子，长短句的有机混合，往往增添了韵律感，避免了流水线一样的枯燥感。

文案的"转"在桃子姐视频中极为简短且不易察觉，主要由桃子姐和包立春的简单拌嘴构成。饭上桌，包立春享用美食时，也会责怪几句"没有肉，来两片回锅肉多好""下次换成鸳鸯锅"。这责怪并不是真的责怪，而是将桃子姐从简单叙述做菜的步骤、方法等带有教师色彩的厨子角色中拉出来，让用户感觉到她也是平常的家庭主妇，也有一个爱挑刺的丈夫，这样的设计可以拉近桃子姐与用户距离，减少生疏感。

文案的"合"就是在视频最后，一家人吃完饭，又回归开头部分引入的事件，做到前后呼应。例如，吃完饭两个人去参加亲戚婚礼，给女儿联系上课老师等，前后呼应，将这顿饭自然嵌入，不着痕迹。

3. 效果

"蜀中桃子姐"完美地把作为第三方的用户拉进二人的生活中，用一句句方言、一个个嬉笑怒骂的情节，给用户一种"她就是我身边和我一样的家庭主妇"的亲近感，能激发反馈的积极性。

桃子姐的视频与同类型李子柒的视频虽然都是记录生活，记录做饭、农作等家常事，但从文案上来说，桃子姐的文案细碎、密集，很少有停顿且具有生活化，而李子柒的文案往往具有观赏性、阅读性，就算是有方言也是寥寥几句，因此二人的视频效果也不同，桃子姐的视频评论往往是用户以平视的态度"唠家常式"，如"昨晚做梦，梦到我去桃子姐家，桃子姐给我炸酥肉""我都当姑婆了，我娃儿还没人家大"；而李子柒下方的评论多为仰视状态，如"好美啊，羡慕，也想要这样的生活"等。两者对比，桃子姐文案所带来的效果已经很明显了。

7.2.5 商业变现

桃子姐作为"网红"，她的盈利模式也是通过流量进行变现。自2020年开启爆粉之路以来，桃子姐与其团队的商业版图就在不断扩大，他们不再满足于拍摄短视频，而是跻身直播带货领域。

美食是直播带货领域的热门大类，近年来，通过直播带货出了不少"网红"食品，广受消费者追捧。而川蜀美食更以香辣麻口味闻名全国，备受年轻群体青睐。桃子姐抓住这一市场需求，再利用自身视频积聚的人气，创立了自身的品牌"蜀中桃子姐"，为商业变现打通了渠道，如图7-4所示。

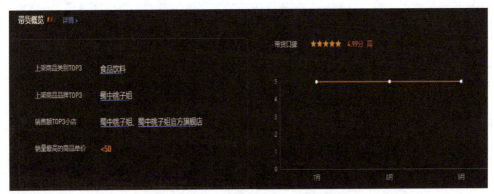

图7-4　"蜀中桃子姐"直播带货部分数据

在此基础上，桃子姐有了明确的变现思路，即继续在抖音短视频领域深耕，生产优质的内容，吸引更多用户，扩大自身的影响力，然后借助自身的影响力，将这些用户引到直播间，把用户变成粉丝，把喜欢变成购买力。

　　她的变现模式与眼下大多数"网红"流量变现的模式大同小异，也符合现下"网红"经济发展的大趋势，如图7-5所示。但是，在供货和选品等方面，桃子姐有自己的定位和思考。目前，许多"网红"带货是以第三方的身份帮厂商带货，其收入的性质相当于广告收入。这样虽在一定程度上减少了供货的成本，但需承担极大风险。特别是近年来，"网红"卖假货造成人设崩塌的事件屡见不鲜。

图7-5 "蜀中桃子姐"直播部分数据

　　对此，桃子姐有深刻的认识，所以她从一开始就摒弃了以第三方的身份帮别的商家带货的道路，而是创立自己的品牌，通过自产自销来维持直播带货链条。虽然，这使她丢失了许多渠道，但是降低了风险，保障了商业变现的稳定性。

　　无论在内容生产上，还是在直播带货领域，桃子姐都专注于垂直领域，深谙"在中国再小众也是大众"的道理，为未来可持续发展奠定基础，这份智慧值得学习和借鉴。

7.3 "张同学"短视频账号分析

　　"张同学"，一名抖音博主，以拍摄农村情景剧为主。2021年10月4日，张同学在抖音上发布了第一个作品，在两个月的时间内吸粉超千万人，成为农村内容领域的现象级"网红"。

↘ 7.3.1 账号运营现状

　　"张同学"主要在抖音平台运营账号，在微博等新媒体平台也开通了账号。

1. 抖音平台数据（截至2022年4月26日14:00）

发布视频数量：84条。

视频总获赞数：1.0亿次，《青山高歌》的获赞数高达260.6万次。

平均点赞数：71.3万次。

平均转发数：1.3万次。

平均评论数：3.9万次。

粉丝数：1907.2万人。

视频长度：平均为7分钟。

2．微博平台数据（截至2022年4月26日14:00）

发布微博数量：10条。

视频累计播放量：2151.5万次，《饺子宴》的播放量高达458万次。

转评赞数：14.7万次。

粉丝数：129万人。

↘ 7.3.2　账号定位

1．用户定位

"张同学"账号的主要用户群体为农村用户以及向往农村生活的城市居民。农村用户能凭借相似的生活经历与"张同学"视频中的内容产生共鸣。而城市居民渴望休闲和放松的内容，这也和"张同学"视频中的农村生活内容不谋而合。

2．内容和形式定位

"张同学"的视频内容围绕其家乡的日常生活展开，凭借一些起床洗漱、干农活、做家常饭等流水账式的生活片段，搭配上快节奏的音乐和高频率的镜头剪辑，吸引了众多用户。这些独特的内容与"张同学"的日常生活密切相关。"张同学"是一个地地道道的东北农村人，自小就对农村的生活习惯有充分的理解，这为其在农村领域的内容制作打下了良好的基础。短视频拍摄与剪辑的低门槛也为"张同学"的内容制作创造了条件，"张同学"视频中的内容全部为"张同学"亲自制作，而相比一些粗糙的农村内容，"张同学"的拍摄与剪辑都更加优良与专业，这类接地气的内容满足了现在用户对一些优质的休闲内容的需要。

3．平台定位

"张同学"的账号在抖音和微博均有布局，但以抖音为主。为进一步抢占下沉市场，抖音推出了各个关于农村生活的流量扶持计划，还曾推出"乡村大师课""新农人计划"（见图7-6）等活动，从流量激励、运营培训、变现指导等方面，全方位助推"三农"创作者持续生产优质内容。在这一背景下，"张同学"搭上了抖音内容下沉、内部生态调整的红利，选择农村领域这一垂直内容，并在视频中附上"新农人计划2022""乡村守护人"等话题，如图7-7所示，适应抖音平台的算法推荐规则，快速吸引流量。

图7-6　抖音"新农人计划"活动页面

图7-7　视频附上"新农人计划2022""乡村守护人"等话题

↘ 7.3.3　视频特色风格

1. 农村生活悠闲惬意

"张同学"的视频内容以叙述自身在东北老家的日常生活为主，从起床洗漱到做饭喂狗，这些琐碎的日常内容反映了悠闲而惬意的农村生活，而这些恰好是身处繁华闹市的都市人所缺少且向往的，这类视频能够很好地引起人们的共鸣，人们在观看这类视频的过程中也能够获得短暂的休憩，得到精神上的满足。除了隔屏观赏"张同学"，的日常生活，用户还可以通过转发评论诉说心声、互动讨论，这在无形中拉近了两者的距离。"张同学"视频中体现出的纯粹质朴的情感和平淡的生活，与充分享受生活的公众需求一拍即合，成为人们治愈心灵的一剂良药。

"张同学"通过视频营造了一种生活的熟悉感，有固定的人物和事件。例如，在每个视频中，"张同学"都会做饭，使用的背景音乐也比较固定等。除此之外，随着季节变化，"张同学"也会在视频中增添一些新奇的内容。

"张同学"视频节奏较快，2～3秒切换一个镜头，这种设计能够使视频承载更多的叙事内容，快速交代故事的发展过程，还能够表现出大量的环境信息，让用户接收到更多的内容。

2. 拍摄剪辑别具一格

在抖音浩瀚的内容中，"张同学"的视频无论是在选题还是拍摄剪辑上都是别具一格的。"张同学"账号中的视频大多为6～8分钟的中等长度视频，视频内容以农村生活场景为主，整个视频配上"魔性"的背景音乐、紧凑的剪辑节奏和流畅的镜头转换，能够在无形中抓住用户的注意力。

↘ 7.3.4 选题

1. 差异化方式打造IP

"张同学"作为农村领域的垂类达人，在抖音上的认证为剧情短视频创作者、乡村守护人。而在众多的农村生活类视频中，"张同学"又通过差异化的方式打造个人品牌IP：7分钟左右的视频长度、统一的背景音乐、简单质朴的农村日常生活、粗糙而又亲切的画面……这些使"张同学"能够在大量粗制滥造、猎奇的农村生活类视频中脱颖而出，也成为"张同学"的一个记忆点，助其成功塑造个人IP。

2. 农村选题升华意义

"张同学"的选题集中于农村生活这一垂直领域。农村题材并不罕见，这一领域以内容中能够表现出令人向往的悠闲生活和与世无争的价值观为核心吸引力，从李子柒到"张同学"，他们的内容大多能契合如今用户的特定需求，为用户带来从视觉到心灵上的双重体验。随着国家乡村振兴战略的实施及平台抢占下沉市场的需求，农村这一选题也有着良好的生存环境，"张同学"就在这一背景下搭载上抖音提供的流量快车，展示农村生活，唤醒用户对乡村的记忆，成为农村故事的讲述者、传播者，升华了自身账号的意义。

↘ 7.3.5 拍摄剪辑

1. 拍摄和剪辑特点

"张同学"视频的拍摄和剪辑具有以下特点。

（1）拍摄画面多且短，快节奏剪辑叙事，多方面交代背景、人物、环境，使画面衔接较为流畅，前后连贯。

（2）多以第一视角进行拍摄，主观镜头能给用户较强的画面体验感和内容沉浸度，客观镜头交代环境及人物互动关系，叙事效果强。

（3）主观镜头多为特写镜头，且使用运动镜头进行拍摄，留下起幅和落幅，使画面连贯性较强、观看效果更佳。

（4）采用动作剪辑点剪辑，同一个动作更换不同的景别进行拍摄，在动作发生的瞬间进行镜头组接，交代动作的同时更全面地表现环境。

（5）大量使用同期声，如喝水、走路、切菜等物体碰撞和人物自然发出的声音，使画面内容更加自然生动，贴近生活。

（6）巧妙使用遮挡进行转场，给用户留下更多遐想空间，使镜头衔接更加流畅。例如在整理被子时，"张同学"两次用杯子挡住镜头。

2. 视频分镜分析

在2021年11月17日发布的作品《青山高歌》中，"张同学"用视频记录了其从起床吃饭到砍柴烧水、出门卖肉的一天。视频画面虽然看起来较为朴素粗糙，但其实经过了精心的设计。这种巧妙流畅的视频剪辑与制作使"张同学"的视频充满了魔性与魅力。下面以《青山高歌》为例进行分镜分析，如表7-1所示。

表7-1 《青山高歌》分镜分析

镜号	拍摄技巧	景别	分镜头时长	画面	声音	背景音乐/台词
1	固定镜头	全景	2s	醒后，从被窝里坐起来	无	背景音乐
2	跟镜头	手部特写	2s	拉开窗帘	同期声	
3	固定镜头	近景	2s	望向窗外	同期声	
4	跟镜头	手部特写	1s	右手取下右边窗帘	同期声	
5	跟镜头	手部特写	1s	左手取下左边窗帘	同期声	
6	跟镜头	手部特写	3s	右手拿袜子	同期声	
7	固定镜头俯拍	右脚特写	1s	给右脚穿袜子	同期声	
8	固定镜头俯拍	左脚特写	1s	给左脚穿袜子	同期声	
9	跟镜头	手部特写	1s	抓起衣服	同期声	
10	固定镜头俯拍	脚部特写	1s	跳下来穿鞋子	同期声	
11	固定镜头仰拍	全景	3s	开始叠被子	同期声	
12	固定镜头仰拍	被子特写	1s	被子打到镜头前	同期声	
13	跟镜头	枕头特写	1s	手拿起枕头	同期声	

续表

镜号	拍摄技巧	景别	分镜头时长	画面	声音	背景音乐/台词
14	固定镜头	全景	2s	将枕头放到被子上，再将被子往前推，挡住镜头	同期声	
15	跟镜头	手部特写	2s	走向柜子，打开抽屉，再关上抽屉	同期声	
16	跟镜头	手部特写	1s	拉开门闩推门	同期声	
17	固定镜头抑拍	全景	2s	推开门走进厨房	同期声	
18	固定镜头	近景	2s	掀开帘子后把碗端出来	同期声	
19	跟镜头	手部特写	1s	把碗放在灶台上	同期声	
20	跟镜头	手部特写	1s	揭开锅盖	同期声	
21	固定镜头	锅内特写	1s	把碗里的土豆泥丢进锅里	同期声	
22	跟镜头	手部特写	2s	丢下空碗，拿起勺子挖剩菜	同期声	
23	固定镜头	特写	1s	用勺子挖起碗里的剩菜	同期声	
24	跟镜头	锅内特写	1s	把剩菜扔进锅里	同期声	
25	跟镜头	手部特写	1s	开气阀	同期声	
26	固定镜头	手部特写	1s	打开炉灶	同期声	
27	固定镜头	特写	1s	用勺子搅动锅内的饭菜	同期声	
28	固定镜头	特写	1s	将火熄灭	同期声	
29	跟镜头	手部特写	2s	把热好的饭菜放到地上	同期声	
30	固定镜头	全景	3s	小狗从门缝进来	同期声	
31	固定镜头	全景	2s	小狗吃饭	同期声	
32	跟镜头	特写	3s	走到鸡圈，拿起盆	同期声	
33	跟镜头	特写	3s	开门，走进屋，放下盆	同期声	
34	固定镜头	手部特写	1s	拿起杯子挖鸡饲料	同期声	
35	固定镜头	盆特写	1s	把挖好的鸡饲料倒进盆里	同期声	
36	跟镜头	盆特写	4s	将盆放到水缸旁边，打开水缸盖	同期声	
37	跟镜头	水缸特写	1s	用水瓢盛水	同期声	
38	定镜头	盆特写	1s	将水倒进装有鸡饲料的盆里	同期声	
39	跟镜头俯拍	特写	3s	走到菜地，拔菜	同期声	
40	跟镜头	特写	2s	走到厨房，把菜扔到桌子上	同期声	
41	固定镜头	全景	3s	弯腰切菜	同期声	
42	固定镜头	蔬菜特写	1s	菜被切块	同期声	
43	跟镜头	蔬菜特写	2s	菜被切碎	同期声	

镜号	拍摄技巧	景别	分镜头时长	画面	声音	背景音乐/台词
44	固定镜头	盆特写	1s	把切碎的菜扔到盆里	同期声	
45	固定镜头	菜特写	2s	用筷子搅拌菜和鸡饲料，拿走盆	同期声	
46	跟镜头	特写	2s	走到鸡圈，将盆放下	同期声	
47	固定镜头	鸡特写	2s	鸡吃饲料	同期声	
48	跟镜头	蛋特写	2s	将鸡蛋拿走	同期声	
49	跟镜头	特写	2s	掀开帘子拿起碗	同期声	
50	固定镜头	蛋特写	1s	磕鸡蛋	同期声	
51	固定镜头	特写	2s	将磕好的鸡蛋掰开，放入碗中，并将多余的蛋壳拿出	同期声	
52	跟镜头	手特写	2s	将手中的糖放入盛鸡蛋的碗中	同期声	
53	固定镜头	蛋特写	2s	搅拌鸡蛋后将碗拿走	同期声	
54	跟镜头	特写	2s	拿暖壶	同期声	
55	固定镜头	手特写	2s	打开暖壶倒水	同期声	
56	固定镜头	近景	2s	一边倒水一边搅拌鸡蛋	同期声	
57	固定镜头	特写	2s	一边倒水一边搅拌出鸡蛋汤	同期声	
58	固定镜头	中景	2s	双手端碗喝鸡蛋汤	同期声	
59	固定镜头	近景	3s	单手端碗喝鸡蛋汤	同期声	
60	跟镜头	特写	3s	走到柜子前拉开抽屉，拿出六味地黄丸	同期声	
61	固定镜头	药特写	1s	打开药瓶	同期声	
62	固定镜头	药特写	1s	倒出一瓶盖药	同期声	
63	固定镜头	全景侧面	4s	将药倒进嘴里，喝水	同期声	
64	固定镜头	全景正面	3s	喝完水，把碗放下，被水呛到，站起来	同期声	
65	跟镜头	全景	2s	找纸	同期声	
66	固定镜头	纸巾特写	1s	撕纸	同期声	
67	固定镜头	近景	2s	拿纸擦眼睛	同期声	
68	固定镜头	垃圾桶特写	1s	将纸巾扔进垃圾桶	同期声	
69	跟镜头	特写	3s	走到柜子前，拉开抽屉，拿起手套，关上抽屉	同期声	
70	跟镜头	特写	2s	走到斧头前，拿走斧头	同期声	
71	跟镜头	特写	2s	用斧头顶开门，走到外面	同期声	
72	固定镜头	全景	2s	关门	同期声	

镜号	拍摄技巧	景别	分镜头时长	画面	声音	背景音乐/台词
73	固定镜头	锁特写	1s	把挂在门上的锁拿走	同期声	
74	固定镜头	锁特写	1s	把门锁上	同期声	
75	跟镜头	砖头特写	2s	走到窗前，拿起一块砖头，把钥匙放下	同期声	
76	固定镜头	中景	2s	用砖头盖住钥匙，离开	同期声	
77	跟镜头	特写	3s	拿走门上挂的绳子	同期声	
78	固定镜头	全景	2s	扛着斧头出门	同期声	
79	固定镜头	中景	9s	跟大妈说话		"张同学"："上山砍柴！你过日子不得有个过日子样吗？" 大妈："这孩子说出息真快。" "张同学"："走了啊，发妈。" （大妈笑）
80	跟镜头	中景	2s	走在路上	同期声	
81	跟镜头	近景	2s	走在雪地上	同期声	
82	跟镜头	近景	20s	走在树林里唱歌		"张同学"：桃叶儿那尖上尖，柳叶儿就遮满了天，在其位的这个明阿公，细听我来言呐，此事哎！妈呀，没气儿了。"
83	跟镜头	特写	3s	把斧头和绳子扔到地上	同期声	
84	固定镜头	全景	2s	拿起斧头，开始砍树枝	同期声	
85	固定镜头	树特写	2s	树枝被砍出痕迹	同期声	
86	固定镜头	近景	2s	把树枝推倒	同期声	
87	固定镜头	近景	1s	树枝被扔到地上	同期声	
88	固定镜头	近景	1s	树枝被接二连三地扔到地上	同期声	
89	固定镜头	树枝特写	2s	用绳子将树枝捆好	同期声	
90	固定镜头	全景	2s	弯腰把捆好的树枝抬起来	同期声	
91	固定镜头	特写	1s	用一个立起来的树杈支起树枝	同期声	
92	固定镜头	特写	1s	按压树枝	同期声	

镜号	拍摄技巧	景别	分镜头时长	画面	声音	背景音乐/台词
93	固定镜头	全景	2s	扛起树枝	同期声	
94	跟镜头	全景	3s	扛着树枝回家	同期声	
95	固定镜头	树枝近景	3s	树枝擦着地面移动	同期声	
96	固定镜头	全景	2s	扛着树枝走到家门口，放下树枝	同期声	
97	跟镜头	特写	3s	走到红砖前，拿开红砖，把钥匙拿起来	同期声	
98	跟镜头	手特写	2s	开锁	同期声	
99	固定镜头	全景	2s	开门进去	同期声	
100	跟镜头	特写	2s	走到桌子前，扔下手套，拿起瓢	同期声	
101	跟镜头	特写	3s	打开水缸盖，用瓢舀水	同期声	
102	固定镜头	近景	5s	喝瓢里的水	喝水声	
103	固定镜头	全景	1s	把剩下的水泼到门外	同期声	
104	跟镜头	全景	1s	走到床前	同期声	
105	固定镜头	全景	2s	跳躺在床上	同期声	
106	固定镜头	特写	2s	屋顶冰雪融化的样子	同期声	
107	固定镜头	中景	2s	睡醒起床	同期声	
108	推镜头	全写	2s	挂表显示一点五十	同期声	
109	跟镜头	特写	1s	走到脸盆前，拿起口罩	同期声	
110	跟镜头	特写	2s	走进厨房又退回来看日历	同期声	
111	固定镜头	中景	4s	看完日历，低头用手数日子	同期声	
112	固定镜头	特写	3s	撕日历	同期声	
113	固定镜头	特写	1s	把撕掉的日历扔进垃圾桶	同期声	
114	固定镜头	全景	3s	戴上口罩，走出屋门，转身关门	同期声	
115	固定镜头	特写	2s	把门锁上	同期声	
116	固定镜头	特写	3s	把钥匙装进上衣口袋里	同期声	
117	跟镜头	三轮车特写	4s	走到三轮车旁，向右扭动车钥匙	同期声	
118	固定镜头	倒车按钮特写	1s	用手按倒车按钮	同期声	
119	固定镜头	全景	2s	倒车	同期声	
120	固定镜头	特写	3s	又按一下倒车按钮，向前开车	同期声	
121	固定镜头	全景	2s	将三轮车开到一户人家前停下	同期声	
122	固定镜头	中景	2s	站起，朝着家门喊		"张同学"："二涛！"

镜号	拍摄技巧	景别	分镜头时长	画面	声音	背景音乐/台词
123	摇镜头	全景	1s	敞开的家门	同期声	"张同学"："二涛！"
124	固定镜头	中景	2s	二涛站起来，望着"张同学"说完话后又蹲下	同期声	二涛："等一会儿！"
125	跟镜头	近景	2s	二涛走出来，边走边说	同期声	二涛："你一天鬼哭狼嚎的！"
126	固定镜头	全景	2s	二涛坐上三轮车后，三轮车开走	同期声	
127	固定镜头	近景	2s	沿途风景	同期声	
128	固定镜头	全景	1s	将三轮车停到店门口	同期声	
129	跟镜头	特写	3s	向左扭动车钥匙，走进店铺	同期声	
130	固定镜头	中景	5s	掀开帘子进店，跟老板娘说话	同期声	"张同学"："老板娘，买肉！"
131	固定镜头	中景	2s	看着老板娘割肉	同期声	
132	跟镜头	特写	3s	拿起一排AD钙奶后又放下，拿起一排爽歪歪	同期声	
133	固定镜头	特写	1s	抓起一把火腿肠	同期声	
134	跟镜头	特写	2s	拿起几袋方便面	同期声	
135	固定镜头	全景	2s	拿起东西往外走，二涛在后面跟着	同期声	"张同学"："记账啊，老板娘！"
136	固定镜头	特写	2s	老板娘记账	同期声	
137	固定镜头	字特写	1s	老板娘记账	同期声	
138	固定镜头	特写	2s	老板娘记完账	同期声	
139	固定镜头	近景	2s	老板娘发牢骚	同期声	老板娘："哎妈呀，这一天能不能好，这一天！"
140	固定镜头	全景	7s	和二涛坐上三轮车后开走	同期声	
141	固定镜头	中景	2s	三轮车停在家门口	同期声	
142	固定镜头	特写	1s	拿钥匙开锁	同期声	
143	固定镜头	全景	2s	打开门进去	同期声	
144	固定镜头	特写	1s	把东西扔在桌子上	同期声	
145	固定镜头	特写	1s	切肉	同期声	
146	固定镜头	近景	1s	切肉	同期声	
147	固定镜头	全景	1s	切完肉把菜刀放在菜板上，把大块肉拿走	同期声	
148	跟镜头	特写	2s	把肉挂在门外树枝上	同期声	

续表

镜号	拍摄技巧	景别	分镜头时长	画面	声音	背景音乐/台词
149	跟镜头	特写	3s	走到院子里，把地窖的盖子打开	同期声	
150	固定镜头	全景	2s	下地窖	同期声	
151	跟镜头	特写	2s	拿起一棵白菜	同期声	
152	固定镜头	全景	2s	把白菜扔出来，探头出来	同期声	
153	固定镜头	全景	2s	爬出地窖	同期声	
154	跟镜头	特写	2s	把盖子盖上	同期声	
155	跟镜头	特写	1s	拿起白菜	同期声	
156	跟镜头	特写	2s	走进厨房，把白菜扔到菜板上	同期声	
157	固定镜头	侧面特写	2s	切白菜帮	同期声	
158	固定镜头	正面特写	1s	切白菜叶	同期声	
159	固定镜头	特写	2s	切葱	同期声	
160	固定镜头	特写	1s	切姜	同期声	
161	固定镜头	特写	2s	切蒜	同期声	
162	固定镜头	全景	2s	把树枝塞进灶里	同期声	
163	固定镜头	特写	1s	拿起打火机	同期声	
164	固定镜头	特写	3s	点火	同期声	
165	跟镜头	特写	2s	打开放着猪油的盆盖	同期声	
166	固定镜头	特写	1s	挖一勺猪油	同期声	
167	跟镜头	特写	2s	把猪油放进锅里	同期声	
168	跟镜头	特写	3s	油热后，把肉放进锅里	同期声	
169	固定镜头	特写	1s	翻炒锅里的肉	同期声	
170	跟镜头	特写	2s	放入葱姜蒜	同期声	
171	跟镜头	特写	2s	倒入酱油	同期声	
172	跟镜头	特写	2s	放入白菜	同期声	
173	跟镜头	特写	2s	用水瓢盛水	同期声	
174	跟镜头	特写	2s	把水倒入锅中	同期声	
175	跟镜头	特写	2s	倒入豆腐	同期声	
176	跟镜头	特写	2s	放入粉条	同期声	
177	跟镜头	特写	1s	把锅盖盖上	同期声	
178	跟镜头	特写	2s	把锅盖掀开	同期声	
179	固定镜头	特写	1s	锅里的菜热气腾腾	同期声	
180	固定镜头	特写	1s	把点燃的炭盆放在炕上	同期声	
181	固定镜头	特写	1s	把盛满菜的盆放在炭盆上	同期声	
182	跟镜头	特写	2s	把酒拿到炕上	同期声	

续表

镜号	拍摄技巧	景别	分镜头时长	画面	声音	背景音乐/台词
183	固定镜头	特写	1s	开酒	同期声	
184	固定镜头	特写	1s	倒酒	同期声	
185	固定镜头	中景	3s	吃粉条	同期声	
186	固定镜头	中景	2s	二涛吃粉条	同期声	
187	固定镜头	近景	3s	吃菜	同期声	
188	跟镜头	特写	3s	举杯相碰	同期声	
189	固定镜头	近景	2s	二涛喝酒	同期声	
190	固定镜头	近景	2s	喝酒	同期声	
191	固定镜头	特写	1s	把酒杯放下	同期声	

↘ 7.3.6　商业变现

"张同学"的账号目前的变现方式主要是接星图广告。2021年12月12日，"张同学"接过一个手机广告，一天内的点赞量超177万次，取得了良好的效果。此外，"张同学"团队筹备了几个月，在2022年6月底开始了首场直播带货，商品有辽宁的营口大米、大酱等农特产品等。3小时的直播带货让用户在直播间认识到了这些农特产品及其生产企业。

课后习题

1. 选择一个你喜欢的短视频账号，收集该账号的运营数据，分析其定位、选题、视频特色风格、拍摄与剪辑、变现等方面的特点。
2. 请为自己的短视频账号做一个完整的策划，模板如表7-2所示。

表7-2　短视频账号策划模板

运营目的			
品牌营销□	销售商品□	展示自我□	其他□
用户定位			
用户画像（我的目标用户群体是……）			
用户需求（我要满足用户……需求）			

续表

内容定位				
一句话形容我的账号				
类别	生活Vlog□	吃喝玩乐探店□	情景类□	其他□
	知识技能分享□	搞笑娱乐□	情感解读□	
选题				

视频形式定位			
真人实物出镜□	虚拟动画形象□	剪辑配音□	其他□
具体情况（拍摄形式、设备、视角、后期剪辑等）			

主页视觉设置		
账号名		头像
账号简介		

变现模式		
广告□	电商□	直播□
IP价值衍生□	知识付费□	渠道分成□
其他□		

其他	
更新频率	
更新时间	
对标账号情况	